Jennifer A. Miskov

Fasten für mehr Feuer

Jennifer A. Miskov

Mit Beiträgen von Heidi Baker,
Lou Engle und Randy Clark

Fasten für mehr Feuer

Labe dich an Gott und löse Erweckung aus

GloryWorld-Medien

1. Auflage 2024

Bibelzitate sind, falls nicht anders gekennzeichnet, der Elberfelder Bibel, Revidierte Fassung von 2017 entnommen. Weitere Bibelübersetzungen:

JdM: Jesus der Messias, GloryWorld-Medien 2024
MNG: Menge Bibel
NeÜ: Neue evangelistische Übersetzung © 2013 Karl-Heinz Vanheiden
SLT: Schlachter 2000
TPT: Frei übersetzt aus der englischen „The Passion Translation" © 2013.

Das Buch folgt den Regeln der Deutschen Rechtschreibreform. Die Bibelzitate wurden diesen Rechtschreibregeln angepasst.

Übersetzung/Satz: Manfred Mayer
Umschlaggestaltung: Eileen Rockwell / Jens Neuhaus, www.7dinge.de

Printed in Germany

ISBN: 978-3-95578-636-6
Bestellnummer: 356636

Erhältlich beim Verlag:

GloryWorld-Medien
Beit-Sahour-Str. 4
D-46509 Xanten
Tel.: 02801-9854003
Fax: 02801-9854004
info@gloryworld.de
www.gloryworld.de

oder in jeder Buchhandlung

Stimmen zum Buch

Jennifer A. Miskovs neues Buch *Fasten für mehr Feuer* ist für eine neue Generation eine wichtige Erinnerung an die Bedeutung des Fastens. Fasten ist ein wichtiger Teil meines Weges mit Gott und meines Dienstes. Die Gabe des Fastens steht uns allen zur Verfügung und bereitet uns darauf vor, in eine Erweckung und alles, was Gott für uns hat, einzutreten.

Dr. Randy Clark
Gründer von *Global Awakening*

Die Wege des Reiches Gottes sind den Wegen der Welt entgegengesetzt. Diejenigen, die sich selbst erhöhen, werden zu Fall gebracht, aber diejenigen, die sich selbst demütigen, werden erhöht werden. Wer sein Leben retten will, wird es verlieren, aber wer sein Leben für Christus verliert, wird es retten.

Was das Fasten angeht, so werden die, die immer voll sind, leer werden, aber die, die manchmal leer sind, werden voll von Gott werden. Jennifer Miskovs Buch *Fasten für mehr Feuer* ist eine eindringliche und ermutigende Erinnerung daran, dass diejenigen, die hungern und dürsten, satt werden sollen! Vollgepackt mit kraftvollen Zeugnissen, wird dich dieses Buch in eine neue Dimension der Vertrautheit mit Gott führen. Lies Jens Buch und folge ihrem Beispiel. Du wirst nicht enttäuscht sein.

Lee Roy Martin, Ph.D.
Professor für Altes Testament und biblische Sprachen
Pentecostal Theological Seminary, Cleveland, Tennessee

Ich bin so dankbar, dass *Fasten für mehr Feuer* gerade jetzt erscheint. Überall auf der Welt sehe ich eine Polarisierung von religiösen Leuten, die mehr Regeln aufstellen wollen, während gleichzeitig eine neue Generation heranwächst, die sehr hungrig und durstig nach einer echten Bewegung des Heiligen Geistes ist.

Seit vielen Jahren habe ich Gebet und Fasten, die wichtigen Schlüssel für Erweckung, zu meinem Lebensstil gemacht. Ich schätze die geistliche Haltung hinter diesem Buch sehr, weil dadurch die Schlüssel offengelegt und jedem Gläubigen praktische Schritte aufgezeigt werden, wie der Vulkan der größten Erweckung der Geschichte schneller ausbrechen kann, als wir erwarten.

Jean-Luc Trachsel
Präsident der *International Association of Healing Ministries* (IAHM)

Dr. Miskovs Buch *Fasten für mehr Feuer* ist eine dringend benötigte Erinnerung an und eine ausführliche Lehre über ein mächtiges Werkzeug für den Durchbruch, der im Fasten liegt. Ich glaube fest an das Fasten und habe festgestellt, dass es der Hauptantrieb ist, wenn es darum geht, himmlische Ziele in irdenen Gefäßen freizusetzen. Die Wahrheiten und praktischen Umsetzungen, die auf diesen Seiten offenbart werden, werden einen geistlichen Hunger in deinem Herzen entfachen und dich auf eine unerbittliche Suche nach dem Ewigen schicken.

Teofilo Hayashi, Gründer von *Dunamis Movement*

Fasten für mehr Feuer ist eine übernatürliche Einladung, sich an der Gegenwart Gottes zu laben. Beim Lesen dieses Buches erhältst du Seite für Seite neue Erkenntnisse. Nachdem du eine klare Vorstellung davon bekommen hast, welche Segnungen das Fasten mit sich bringt, wirst auch du fasten wollen.

Larry Sparks
Verleger, *Destiny Image*

Ich kann Jens Buch *Fasten für mehr Feuer* nur von ganzem Herzen empfehlen, da sie die Wahrheiten über das Fasten auf so ausgewogene, biblische und erfrischende Weise präsentiert. Das Herz dieses Buches ist auf Jesus und den Heiligen Geist ausgerichtet und wird dich näher zu Gott bringen. Ich vertraue darauf, dass dieses Buch uns allen auf unserem täglichen Weg mit IHM helfen wird, um die Verlorenen für das Reich Gottes und zu seiner Ehre zu erreichen.

Mel Tari
Autor von *Wie ein Sturmwind*

Jen ist seit Jahren eine Freundin von mir und eine Inspiration für mich. Ich habe miterlebt, dass sie nicht nur auf der Bühne, sondern auch hinter verschlossenen Türen, wenn niemand zuschaute, einen Lebensstil der Hingabe und des Fastens führt.

Es war Jen, die mich dazu brachte, konsequent zu fasten und die Kraft des Fastens für mich selbst zu erkennen. Für Jen sind die Nachfolge Jesu und die Hingabe an ihn nicht nur ein kurzfristiger Trend – ein weiterer Wunsch unter vielen anderen – oder ein Buchthema, sondern diese beiden Dinge sind seit vielen Jahren die treibenden Kräfte in ihrem öffentlichen und privaten Leben. Ihre Liebe, Leidenschaft und Hingabe für Jesus hat mich und viele andere immer wieder inspiriert.

Ich glaube wirklich, dass du beim Lesen von *Fasten für mehr Feuer* nicht nur etwas lernen wirst, obwohl es so sein wird, und dass es dich nicht nur inspirieren wird, obwohl es das auch tut, sondern ich glaube wirklich, dass beim Lesen dieses Buches von Jen und den anderen Vorbildern etwas von Gott in dir freigesetzt wird. Ich bete, dass du einen unstillbaren Hunger nach IHM, und nur nach ihm, bekommst. Ich bete ebenso, dass du beim Lesen dieser Worte erkennst, dass es buchstäblich nichts und niemanden gibt, der dich so erfüllen kann wie er, und dass du beim Fasten seine Fülle empfängst.

Jessika Tate
Gründerin und Präsidentin von *Yielded Ministries Global*

Wenn du dich durch dieses kraftvolle Buch durcharbeitest, wirst du die Wege der „Feurigen“ kennenlernen. Das sind die Liebhaber Jesu, die ihr Leben für ihn hingegeben und die Geschichte verändert haben.

Jeder Schlüssel der Weisheit, den Jen in *Fasten für mehr Feuer* erläutert, öffnet uns die Tür zu einem tieferen, übernatürlichen Leben in echter Vertrautheit mit Jesus. Ich glaube wirklich, dass sich dein Leben bald radikal verändern wird. Das ist dein Moment.

Liz Wright
Liz Wright Ministries
Autorin von *Reflecting God*

Ich kann es kaum erwarten, dass dieses Buch in die Hände aller Gläubigen kommt! Wir brauchen weniger Meinungen in den sozialen Medien und mehr Gebete, mehr Fasten und mehr hingegebene Menschen! Geistliche Übungen werden in der heutigen Kultur so oft vernachlässigt, weil viele von uns den Köder des Verführers geschluckt und Angst vor „Gesetzlichkeit“ haben und dabei diese reine Einladung zu mehr Intimität mit Gott ganz ausgeschlagen haben.

Ich kann mit Bestimmtheit sagen, dass ich ohne Fasten keine Erweckung leiten würde. Dieses Buch, das Jen geschrieben hat, kommt genau zur rechten Zeit! *Fasten für mehr Feuer!* Wir sagen: „Ja! Gott!“

Ich glaube, dass der Überrest, den der Herr in dieser Zeit berufen und gesalbt hat, diejenigen sein werden, die fasten und beten. Ich fordere dich auf, dieses Buch in die Hand zu nehmen, zu praktizieren, was darin steht, und ins Feuer einzutreten!

Jessi Green
Autorin von *Wildfires*
Evangelistin bei *Saturate Global*

Inhalt

Vorwort von Heidi Baker 13

Einführung 17

1 Im Feuer leben 19

2 Zeugnisse von fastenden Erweckungspionieren 25

3 Die Wiederbelebung der geistlichen Disziplinen 33

4 Sich an Gott laben 41

5 Motive für das Fasten 49

6 Das Bräutigam-Fasten 57

7 Das Fasten, das Gott gefällt 63

8 Gehorchen ist besser als Opfer 67

9 Praktische Tipps 75

10 Längere Fastenzeiten 83

11 Gemeinschaftliches Fasten 91

12 Durchbrüche beim Fasten 99

13 Träume und Offenbarungen 103

14 Der Geist des Brennens 107

15 Halte dein inneres Feuer am Brennen 115

16 Das Feuerfasten 121

17 Gabenfreisetzung 133

18 Aktivierung 1: Das Feuerfasten für Intimität 141

19 Aktivierung 2: Das Feuerfasten der Weihe 145

20 Aktivierung 3: Das Feuerfasten für Erweckung 149

21 Bonusaktivierung 4:
Das Feuerfasten für deine Bestimmung 153

22 Bonus-Tipps 157

Haftungsausschluss 165

Danksagungen 167

Über die Autorin 169

Ich widme dieses Buch Lou Engle

Ich kenne keinen, der in unserer Generation mehr Menschen zum Fasten und zur Hingabe mobilisiert hat als du. Du hast den Weg für uns alle geebnet.

Generationen werden von der Dynamik profitieren, für die du dein Leben hingegeben hast.

Ich bin so dankbar, dass Carrie Judd Montgomery, meine geistliche Mutter im Glauben, und Frank Bartleman, dein geistlicher Vater im Glauben, vor über einem Jahrhundert Freunde waren. Was für ein Privileg war es, dich zum ersten Mal in Oakland an einem Brunnen der Erweckung namens „Home of Peace" zu treffen, den ich bei meinen Studien entdeckt hatte.

Ich bete, dass dieser Beitrag zum Thema Fasten dich ehrt und zeigt, dass dein Vermächtnis, ein „Brennender" zu sein, vervielfacht wird und weit über das hinausgeht, was du dir je erhoffen, erträumen oder vorstellen konntest.

Vorwort von Heidi Baker

Ich bin dem Herrn so dankbar für die verschiedenen Wege, auf denen er uns zum Fasten und zur Abkehr von der Welt auffordert, um ihm näherzukommen. Fasten bringt uns an einen Ort, an dem wir uns auf Jesus konzentrieren und mehr von ihm erwarten können. Wenn wir fasten, ziehen wir die Rüstung Gottes an und verbinden uns auf eine tiefere Weise mit ihm. Es schärft uns in vielerlei Hinsicht.

Ob du nun vom Essen oder von den Medien fastest, faste so, dass du nur nach Jesus *hungerst. Von Jesus zu essen und zu trinken, ist der wichtigste Aspekt des Fastens. ER* ist das Brot des Lebens. *ER* ist das Getränk. Beim Fasten verbringen wir diese Extra-Zeit, die wir gewinnen, damit, uns von ihm zu ernähren. Das ist absolut herrlich.

In den letzten vierundzwanzig Jahren, in denen ich in einhundertdreißig Ländern unterwegs war, habe ich erlebt, dass sehr viele Menschen vom Heiligen Geist berührt wurden. Ich habe auf der ganzen Welt erlebt, dass sie nach vorne gerannt sind und „Ja" zum Fasten, „Ja" zur Mission und „Ja" zum Dienst für den Herrn gesagt haben. Aber wenn dann die Kosten klar werden, wenn es an der Zeit ist, das entsprechende „Ticket" zu kaufen, wenn es an der Zeit ist, „Nein" zu einer Beziehung zu sagen, von der sie geglaubt haben, dass der Herr sie ihnen geschenkt hat, ziehen sie es manchmal nicht durch.

Ich weiß noch, wie der Herr mir sechs Wochen vor meiner Hochzeit sagte, ich solle mich von meinem Verlobten trennen. Diese Art von „Ja" zum Herrn wird dein Leben buchstäblich prägen; sie ist kostspielig. Der Herr bittet dich nicht nur darum, es durchzuziehen, wenn das Feuer Gottes fällt und seine Gegenwart auf dich einprasselt. Er sagt: „Zieh es durch, auch wenn du keine Lust hast. Zieh es durch, auch wenn es eine Herausforderung ist.“

Wenn ich ehrlich bin, ist Fasten nicht gerade meine Lieblingsbeschäftigung. Aber ich weiß, dass das Ergebnis mächtig ist, denn beim Fasten schneidet Gott alles weg, was ihm keine Freude bereitet. Wenn wir fasten und uns mit Gott absondern, schneidet er durch sein Wort die Dinge weg, die in unserem Leben weggeschnitten werden müssen. Das Fasten ist besonders wirkungsvoll, wenn es darum geht, alles loszuwerden, von dem Jesus weiß, dass es uns zurückhält. Wenn der Vater beim Fasten etwas loswerden will, schneidet er es einfach ab. Er entfernt alles, was uns an dem, was er hat, hindern könnte.

Bevor du dich nun auf diese Reise in eine größere Nähe zu Jesus begibst, indem du *Fasten für mehr Feuer* liest, möchte ich für dich beten.

Herr, ich bitte dich, dass du sie beschneidest, wenn sie fasten, wenn sie sich an dir laben und dein Angesicht suchen. Lass jeden fruchtbaren Zweig eine größere Ernte einbringen. Herr, reinige und beschneide jeden einzelnen der Leser.

In Johannes 15,4-8 (TPT) sagt Jesus:

Ihr müsst also in einer Lebensgemeinschaft mit mir bleiben, denn ich bleibe in einer Lebensgemeinschaft mit euch. Denn wie eine vom Weinstock abgetrennte Rebe keine Frucht trägt, so wird auch euer Leben fruchtlos sein, wenn ihr nicht in enger Verbindung mit mir lebt. Ich bin der sprießende Weinstock und ihr seid meine Reben. Wenn du in Einheit mit mir als deiner Quelle lebst, wird die Fruchtbarkeit aus deinem Inneren strömen – aber wenn du getrennt von mir lebst, bist du kraftlos. Wenn ein Mensch von mir getrennt lebt, wird er weggeworfen; solche Reben werden eingesammelt und ins Feuer geworfen, um verbrannt zu werden. Wenn ihr aber in einer Lebensgemeinschaft mit mir lebt und meine Worte kraftvoll in euch wirken, dann könnt ihr um alles bitten, was ihr euch wünscht, und es wird geschehen. Wenn euer Leben reiche Frucht trägt, zeigt ihr, dass ihr meine reifen Jünger seid, die meinen Vater verherrlichen!

Herr, ich bitte dich, dass du jede Ablenkung in jedem Einzelnen verbrennst, wenn sie fasten, wenn sie sich an dir laben und wenn sie anbeten. Brenne alles weg, was dir keine Freude bereitet. Schneide es weg, damit sie von deiner leidenschaftlichen Liebe entflammt werden. Lass ihr Leben viel Frucht tragen. Ich danke dir, Jesus. Amen.

Liebhaber(in) Gottes, ich möchte dich ermutigen, dich auf das Fasten einzulassen und dich mehr am Herrn zu laben. Möge eine größere explosive Kraft durch dich fließen, wenn du diesem Werben Jesu gehorchst und du dich an seiner Schönheit erfreust und von ihm isst und trinkst. Es ist eine große Freude, sich von dem Herrn selbst und seinem Wort zu ernähren. Ich bete, dass du, wenn du dich auf diese Reise des Fastens begibst, um dich am Herrn zu laben, *die Freude* des Im-Weinstock-Bleibens verstehst. Ich bete, dass Gott die Salbung von *Fasten für mehr Feuer* und die Botschaft, die er Jen ins Herz gelegt hat, nutzt, um dein Leben auf mächtige Weise zu berühren. Ich bete, dass Gott dich jetzt mit seiner Gegenwart und Herrlichkeit überflutet und sie auf radikale Weise über dich ausgießt, wenn du „Ja“ sagst und dich seinem Herzen näherst.

Heidi Baker, Ph.D.
Gründerin von *Iris Global*

Unaufhaltsames Feuer

Befestige mich wie ein Siegel aus Feuer
für immer an deinem Herzen.
Diese lebendige, verzehrende Flamme
wird dich als mein(e) Gefangene(r) der Liebe versiegeln.
Meine Leidenschaft ist stärker
als die Ketten des Todes und des Grabes;
sie verzehrt alles wie die Feuerblitze
aus dem brennenden Herzen Gottes.
Lege dieses glühende, unaufhaltsame Feuer
über dein ganzes Wesen.
Ströme von Schmerz und Verfolgung
werden diese Flamme niemals auslöschen.
Endlose Fluten werden das Feuer,
das in dir brennt, nicht löschen können.
Alles wird verzehrt werden.
Es wird vor nichts Halt machen,
während du diesem wütenden Feuer alles übergibst,
bis es dir nicht einmal mehr wie ein Opfer erscheint.

Hohelied 8,6-7 (TPT)

Einführung

Dieses Buch ist für die Liebenden.

Wenn du das hier gerade liest, dann meine ich damit dich. Ich glaube, dass der Heilige Geist diesen Moment inszeniert hat, um dieses Buch in deine Hände zu legen, weil du ein brennender Mensch bist, der die radikale Liebe Jesu erfahren hat und sich ihm im Gegenzug unbedingt ganz hingeben möchte.

Dieses Buch ist nicht für die Religiösen, die alles im Griff haben, oder für diejenigen, die gerne damit prahlen, was sie für Christus „leisten" können. Dieses Buch ist für die mutigen Menschen, die aus ihrem Herzen heraus leben, auch wenn das manchmal chaotisch aussieht. Es ist für diejenigen, die sich nicht scheuen, Risiken einzugehen und auch mal zu scheitern, und die die Entschlossenheit und Ausdauer haben, wieder aufzustehen und es erneut zu versuchen. Es ist für diejenigen, die von der Liebe Gottes radikal gebrandmarkt wurden und sich danach sehnen, ihn besser kennenzulernen. Es ist für diejenigen, die seiner Güte begegnet sind und wissen, dass nur er sie zufriedenstellen kann. Dieses Buch ist für jene, die alles tun würden, um ihm näher zu sein, und die bereit sind, jeden Preis zu zahlen, um Sein Herz zu kennen.

In diesem kleinen Handbuch bringe ich Zeugnisse von fastenden Erweckungspionieren, Erläuterungen, warum es so wichtig ist zu fasten, Motivationen für das Fasten, praktische Tipps sowie persönliche Erfahrungen mit dem Fasten. Außerdem habe ich ein paar besondere, mir bekannte geistliche Mütter und Väter eingeladen, über ihre Erfahrungen mit dem

Fasten zu berichten. Außerdem stelle ich eine revolutionäre Sicht des Fastens vor: das Feuerfasten. Du lernst das Feuerfasten der Intimität, das Feuerfasten der Hingabe und das Feuerfasten der Erweckung kennen und kannst dich darin aktivieren lassen.

Wenn du nun *Fasten für mehr Feuer* liest, wünsche ich dir, dass das Feuer der ersten Liebe in deinem Herzen neu entfacht wird. Möge es deinen Appetit anregen, dich noch mehr am lebendigen Gott zu laben, wenn du dich mit mir auf den Weg machst, den verborgenen Schatz des Fastens zu erkunden. Möge dir ein größerer Hunger geschenkt werden. Ich bete, dass Gott dich von allen religiösen Schubladen und Denkweisen befreit, die dich davon abhalten, diese Einladung zu mehr von ihm anzunehmen. Ich bete dafür, dass eine brennende Leidenschaft für Jesus entfacht wird und du der Liebe des Vaters begegnest wie nie zuvor.

Lass das Abenteuer beginnen!

Kapitel 1

Im Feuer leben

Ich empfehle der christlichen Gemeinde heute, alle Aktivitäten einzustellen und sich darauf zu konzentrieren, in den Gottesdienst zu kommen, bis das Feuer herabsteigt und uns in der Heiligkeit seiner Gegenwart verschlingt.[1]

A. W. Tozer

Feuer

Brennende fasten und Fastende brennen.

Fasten und Feuer sind untrennbar miteinander verbunden. Das Fasten hat etwas, das in uns ein alles verzehrendes Feuer für Gott entfacht. Feuer bringt uns an einen Ort der starken Konzentration. Feuer kann auch für leidenschaftliche, brennende Liebe stehen. Kein anderer Liebhaber kann um unsere Aufmerksamkeit konkurrieren, wenn wir vom Antlitz Jesu gefesselt sind, für ihn brennen und uns ganz auf ihn konzentrieren.

In Hebräer 12,29 steht, dass unser Gott „ein verzehrendes Feuer" ist. Die Entscheidung, im Feuer zu leben, bedeutet im Wesentlichen, sich auf die feurige Gegenwart von Gott selbst einzulassen. Wenn wir das ständig tun, geschieht eine einzigartige Reinheit und Hingabe. Im Feuer muss alles geläutert

---

[1] A. W. Tozer, *The Fire of God's Presence: Drawing Near to a Holy God*, herausgegeben von James L. Snyder (Minneapolis, MN: Bethany House, 2020), 41.

und gereinigt werden wie Gold. Wer ein vom Feuer geläutertes Leben liebt, hat Respekt vor der Heiligkeit Gottes.[2]

Feuer kann auch für Erweckung stehen. Wenn wir einen Aspekt von Erweckung darin sehen, dass wir Jesus noch mehr lieben und uns ganz und gar seinen Zielen hingeben, dann werden wir, wenn wir unseren Blick auf das Feuer in seinen Augen richten, mit Sicherheit Zeichen und Wunder erleben. Wir müssen uns nicht darum bemühen, dass Erweckung durch unser Leben freigesetzt wird, wenn unser Herz mehr für das Eine brennt als für alles andere. Erweckung ist etwas, das ganz natürlich aus dem Feuer von Gottes Gegenwart in unserem Leben und unserer innigen Gemeinschaft mit ihm hervorkommen wird.

Wiederaufleben des Fastens

Dieses Buch hat seinen Ursprung in einem Blog, den ich 2014 unter dem Titel „Fasting: The Lost Art of Feasting Upon God" („Fasten – Die verlorene Kunst, sich an Gott zu laben") geschrieben habe. Interessanterweise war dies einer meiner meistgelesenen Blogs. Das hat mich überrascht. Ich habe das Fasten schon immer geliebt, aber zu merken, dass auch andere daran interessiert sind, war eine faszinierende Entdeckung. Weil ich Gott auf mächtige Weise erlebt habe, als ich mir einen Lebensstil des Fastens angeeignet habe, möchte ich mehr über diesen Weg zur Intimität berichten und aufzeigen, wie leicht er verfügbar ist, egal, wo du gerade stehst.

Wir leben in einer so einzigartigen Zeit in der Geschichte, in der Gott eine der größten Seelenernten aller Zeiten einfährt. Sehr viele Menschen werden in dieser neuen Phase Teil der Familie Gottes werden. Wie erstaunlich wäre es, wenn die Menschen, die in das Reich Gottes eintreten, sich auch einen Lebensstil des Fastens aneignen würden, der von Anfang an von Intimität, Hingabe und Erweckung geprägt ist?

---

[2] Siehe 3. Mose 6,8-13; Matthäus 3,11; Römer 12,1-2.

Leider haben in unserer Zeit viele Christen die Gabe des Fastens noch nicht entdeckt oder angenommen. Aber was wäre, wenn das Fasten in unserer Generation keine Ausnahme mehr wäre? Was wäre, wenn geistliches Fasten ein *regelmäßiger* Bestandteil des christlichen Lebens und nicht nur der religiösen Elite vorbehalten wäre? Oder noch besser: Was wäre, wenn das Fasten für mehr Feuer zur Norm würde? Ich frage mich, welch tieferes Maß der Vereinigung mit Jesus und der Offenbarung des Heiligen Geistes erschlossen werden könnten, wenn mehr Gläubige diesen Weg der Intimität beschritten. Welche Art von tieferer Gemeinschaft, außergewöhnlichen Wundern, Massenerrettungen, prägende Erlebnisse, verstärkter Salbung und Kraft könnte freigesetzt werden, wenn der Leib Christi seine Muskeln auf diese Weise stärken würde? Wie viele Erweckungsfeuer mehr könnten entfacht werden, wenn eine Gemeinschaft von Brennenden zusammenkäme und betet und fastet, um mehr von Gott zu ergreifen?

Wenn eine Generation sich auf das Feuer Gottes einlässt, indem sie sich dem Fasten verschreibt, werden wir eine unaufhaltsame Armee von Liebenden sehen, die ihm ohne Rücksicht auf Verluste nachfolgen. Diese feurigen, hingegebenen und ausgesonderten Heiligen werden die Welt zu Gottes Ehre auf den Kopf stellen. Und das Fasten wird einer der Wege sein, um ihre Flamme der Liebe zu Jesus zu vergrößern und zu erhalten.

Hunger

In meinen Untersuchungen der Erweckungen der letzten Jahrzehnte war *das wichtigste Merkmal, das in den Anfängen fast jeder Erweckung, die ich mir angesehen habe, vorhanden war, der Hunger.* Ich habe herausgefunden, dass der Hunger die stärkste Komponente ist, die die Menschen anfangs dazu bewegte, zu beten, sich bereit zu machen, sich nicht aufhalten zu lassen und unbedingt Gottes Eingreifen zu erwarten. Dieser Hunger wurde zuerst in ihrem eigenen Leben geweckt und wurde später zu einem Katalysator für die anderen in ihrem Umfeld.

Wenn also der Hunger nach mehr von Gott eines der wichtigsten Elemente ist, die Gott in der Geschichte benutzt hat, um Erweckungen zu entfachen, wäre es dann nicht wunderbar, wenn es einen Weg gäbe, wie wir heute einen größeren Hunger nach Gott kultivieren könnten?

Was wäre, wenn ich dir sagen würde, dass es etwas ganz Praktisches gibt, das du heute tun kannst, um deinen Hunger nach Gott zu steigern? Beziehungsweise dass es etwas gibt, das du in deinen Lebensstil integrieren kannst, das dein geistliches Wachstum radikal beschleunigen wird? Ich habe da gute Nachrichten für dich. Das gibt es! Mit den richtigen Motiven zu fasten, ist ein sicherer Weg, um deinen Hunger nach Gott zu vergrößern und eine tiefere Vertrautheit mit ihm zu erlangen. Du kannst Gott nicht nur darum bitten, dass er dir die Gabe des Hungers schenkt, sondern du kannst dich auch für einen Lebensstil des Fastens entscheiden, um deinen Hunger nach ihm zu vergrößern. Ein Lebensstil des Fastens kann auch dazu beitragen, dass mehr Salbung und Kraft in deinem Leben aktiviert wird, wenn du dich beständig dem Heiligen Geist hingibst.

Jesus

Ich möchte gleich zu Beginn sagen, dass Fasten nicht die Lösung ist. ***Jesus* ist die Antwort.**

Fasten ist keine Formel, um Gott dazu zu bringen, das zu tun, was wir wollen. Fasten ist einfach eine der Gaben bzw. Wege zur Intimität, die uns gegeben wurden, um unser Wachstum in Christus zu beschleunigen und uns in eine tiefere Verbindung mit ihm zu führen. Wenn auf Fastenzeiten Zeichen und Wunder folgen, ist das wunderbar. Aber das ist nicht der Schwerpunkt unseres Fastens und auch nicht unser Endziel hier. Das Ziel des Feuerfastens ist es, mehr von Jesus zu bekommen und ihm zu erlauben, mehr von uns zu bekommen.

Fasten ist einfach eine Einladung, Gott besser kennenzulernen. Es geht nur um Jesus. Es muss in ihm beginnen, seine Quelle in ihm finden und mit mehr von ihm enden. Mögen wir bei all unserem Fasten mehr von Jesus als Belohnung bekommen.

Kapitel 2

Zeugnisse von fastenden Erweckungspionieren

Ich hätte lieber einen Mann auf meiner Bühne, der nicht mit dem Heiligen Geist erfüllt, aber hungrig nach Gott ist, als einen Mann, der den Heiligen Geist empfangen hat, aber mit seiner Erfahrung zufrieden ist.[1]

Smith Wigglesworth

Zeugnisse sind wie eine Prophetie

Zeugnisse erinnern uns an das, was Gott in der Vergangenheit getan hat, und geben uns eine prophetische Sicht für das, was er in unserer Zeit wieder tun kann und will. Wenn wir uns nun gemeinsam auf den Weg machen, wollen wir uns zunächst damit beschäftigen, was Gott in der Vergangenheit getan hat, damit wir ihn dann bitten können, es in unserem Leben heute in noch größerem Maße zu tun.

Viele der großen Erweckungspioniere, zu denen wir aufschauen, haben eines gemeinsam: Sie haben das Fasten regelmäßig in ihren Lebensrhythmus integriert. Viele haben sogar vierzigtägige Fastenzeiten eingehalten. Interessanterweise

---

[1] W. Hacking, *Smith Wigglesworth Remembered* (Tulsa, OK: Harrison House Publishers, Inc., 1981), 29-30.

wurden viele entscheidende Momente, Lebensberufungen und sogar Erweckungsbewegungen durch Fasten ausgelöst. Den Hunger nach Gott durch Fasten zu fördern, ist eine der beständigsten Charakteristiken, die Erweckungen vorausgehen und entfachen. Der *Hunger nach mehr von Gott* ist ein gemeinsamer Nenner, was das Entfachen der meisten Erweckungsfeuer angeht.

Im Laufe der Geschichte ist es schon unzählige Male vorgekommen, dass Menschen sich nach mehr von Gott gesehnt und deshalb gefastet haben, um mehr von ihm zu erleben. Mit der Zeit platzt Gott herein, um ihnen auf eine tiefe Weise zu begegnen, und manchmal entsteht sogar eine Erweckungsbewegung. Neben biblischen Helden wie Mose, David, Elia, Esther, Daniel, Anna, Paulus, Petrus, Johannes der Täufer und Jesus selbst, haben auch viele unserer anderen Glaubenshelden regelmäßig gefastet. Hier nun einige Zeugnisse, welche Auswirkungen das auf ihr Leben und ihre Gemeinden hatte.

John Wesley (1703–1791) und seine Gemeinde bildeten eine Gruppe, die sie „Holy Club“ nannten. Sie fasteten jede Woche gemeinsam an zwei verschiedenen Tagen und übten sich darin, in der Fülle all dessen zu leben, was Gott in ihrer Generation für sie bereithielt. Außerdem spendeten sie regelmäßig für die Armen. Wesley war an der Entstehung sowohl des *First Great Awakening*[2] als auch der methodistischen Bewegung beteiligt, die aus dieser Erweckung hervorging.

Charles Finney (1792–1875) bereitete sich auf Erweckungen vor, indem er Teams organisierte, die beteten, fasteten und es bekanntmachten, bevor er kam. Sein Gebetskämpfer

---

[2] Great Awakening (englisch für „Große Erweckung“) ist die Sammelbezeichnung für eine Reihe großer protestantischer Erweckungsbewegungen, die sich seit den 1730er Jahren in den britischen Kolonien in Nordamerika bzw. den Vereinigten Staaten ereigneten. Die Geschichtsforschung benennt für die USA insbesondere drei Erweckungsbewegungen: Das First Great Awakening (auch einfach The Great Awakening; 1740–1760), das Second Great Awakening (1800–1840) und das Third Great Awakening (1880–1910). Wikipedia 22.03.2024.

Daniel Nash ging einige Wochen oder sogar Monate vor ihm in die Städte, um zu beten, zu fasten und den brachliegenden Boden für die Saat vorzubereiten, die gesät werden sollte. Finney, der als Pionier des Altarrufs gilt und als Vater der modernen Evangelisationen bekannt wurde, spielte eine wichtige Rolle im *Second Great Awakening.*

Smith Wigglesworth (1859–1947) war ein mächtiger Heilungsevangelist innerhalb der Pfingstbewegung. Unmittelbar nach einem Wendepunkt in seiner Ehe, der mit der tiefen Überzeugung einherging, sich wieder Gott zuzuwenden, beschloss Wigglesworth, zehn Tage lang zu fasten, um sein Herz in Ordnung zu bringen. Während dieser Auszeit, in der er sich dem Herrn weihte, veränderte er sich deutlich. Sein Reizbarkeit und seine Launenhaftigkeit verschwanden. Er war nun ein anderer Mensch.[3]

Wigglesworth, der eine starke Salbung und Heilungskraft hatte, fastete und betete einen Tag pro Woche, dass am folgenden Sonntag fünfzig Menschen gerettet werden sollten. Er konnte sich nicht daran erinnern, dass „jemals weniger als fünfzig Seelen durch die Kraft Gottes in den Versammlungen mit den Kindern, in den Krankenhäusern, auf den Schiffen und in der Heilsarmee gerettet wurden".[4]

Eine lustige Geschichte, wie Gott durch Wigglesworths Lebensstil des Betens und Fastens gewirkt hat, ereignete sich, als er ein Telegramm erhielt mit der Bitte, für einen schwerkranken Jungen in England zu beten. Als er in der Stadt ankam, fuhr er aus Entschlossenheit, die Heilung des Jungen zu erleben, weitere 15 km mit dem Fahrrad zu dem Bauernhof, in dem der Junge lag. Als er dort ankam, sagte ihm die Mutter des Jungen, es sei zu spät, weil ihr Sohn schon fast tot sei. Wigglesworth sagte ihr, Gott schicke ihn nie irgendwo zu spät

---

[3] Smith Wigglesworth, *Faith That Prevails* (Springfield, MO: Gospel Publishing House, 1938, 1966), 61.

[4] Stanley Howard Frodsham, *Smith Wigglesworth: Apostle of Faith* (London: Elim Publishing Co., Ltd., 1949), 5-6.

hin. Er betete und fastete und bat dann die Eltern, die Kleidung des Jungen zu trocknen, damit die bereit seien, dass er sie anziehen könne. Dann ging Wigglesworth in die Kirche, wo man ihn bat, zu predigen. Als er zurückkam, stellte er fest, dass die Eltern seiner Bitte nicht nachgekommen waren. Er ging hin, holte die Kleidung und ließ jemanden dem Jungen die Strümpfe anziehen. Dann bat er alle, den Raum zu verlassen und schloss die Tür hinter sich.

Als er zu beten begann und die Hand des Jungen berührte, kam die Kraft Gottes in den Raum und warf Wigglesworth zu Boden. Dort lag er über eine Viertelstunde lang in der Herrlichkeit. In dieser Zeit kam der Junge so sehr wieder zu Kräften, dass er vor Freude schrie. Nachdem er sich angezogen hatte, rannte er zu seinen Eltern, um ihnen die wunderbare Nachricht zu überbringen, fand sie aber in der Küche auf dem Boden liegend vor, weil die Herrlichkeit das Haus erfüllte. „Die Tochter, die aus dem Heim gebracht worden war und deren Denkfähigkeit noch immer beeinträchtigt war, wurde an diesem Tag vollkommen gesund. Das ganze Dorf war in Erregung und an diesem Tag begann eine Erweckung.[5]

Rees Howells (1879–1950) wurde von Gott dazu benutzt, das Feuer der walisischen Erweckung (1904–1905) durch Jüngerschaft zu wahren. Nach einem prägenden Erlebnis, das aus einer extremen und absoluten Hingabe resultierte, nahm Howells einen Lebensstil der Hingabe an. Während einer Phase seines Lebens fastete er zwei Mahlzeiten am Tag. In dieser Zeit verbrachte er außerdem jeden Abend von 18.00 bis 21.00 Uhr drei Stunden auf den Knien, zwei Stunden mit Bibellesen und eine Stunde mit dem Warten auf Gott. Howells erinnert sich an diese wertvolle Zeit des Gebets und des Fastens:

> Auch wenn wir nicht unter Menschen sind, wie schwer ist es doch, die Stimmen des Ich zum Schweigen zu bringen. Aber nach einiger Zeit brachte mich der Herr dahin, dass ich in dem Moment, in

---

[5] Ebd., 30-31.

dem ich um sechs Uhr die Tür schloss, die Welt draußen ließ und Zugang zur Gegenwart Gottes hatte.[6]

Als die walisische Erweckung in weniger als sechs Monaten über 100.000 Menschen anlockte, spürte Howells eine Last vom Herrn, eine Jüngerschaftsschule aufzubauen, damit keiner der neu bekehrten Gläubigen verloren ging. Mit wenig Geld in der Tasche wagte er den Glaubensschritt und gründete das *Bible College of Wales,* in dem das Fasten zu einer Praxis wurde, die zum Fundament der Schule gehörte.

William J. Seymour (1870–1922) war mitten in einem zehntägigen Fasten, als er am 9. April 1906 in einem kleinen Haus in der Bonnie Brae Street in Los Angeles predigte. Während er über Apostelgeschichte 2 predigte, brach der Heilige Geist herein. Die Leute wurden vom Erweckungsfeuer erfasst und wurden neu im Geist getauft und redeten in Zungen. Weniger als eine Woche später zogen sie in ein größeres Gebäude in der Azusa Street um. Dies war der Beginn der Azusa-Street-Erweckung, die wiederum dazu beitrug, die Pfingstbewegung in der ganzen Welt zu verbreiten. Diese Bewegung Gottes wird als eine der bedeutendsten Erweckungen angesehen, die die Welt je erlebt hat, und gewinnt auch noch über ein Jahrhundert später an Dynamik und wirkt sich weltweit auf Menschen aus. Sie entstand, währen Seymour und einige seiner Freunde zehn Tage lang fasteten und sich versammelten, um Gott um eine neue Taufe im Heiligen Geist zu bitten.[7]

John G. Lake (1870–1935) war ein Heilungsevangelist, der Pionierarbeit für Heilungsräume leistete und in seinem Dienst viele Wunder erlebte. Während er darauf wartete, seine Geistestaufe wie am ersten Pfingsttag zu empfangen, hielt er sich neun Monate lang an einen konzentrierten Gebets- und Fastenrhythmus. Lake betete mit einem Freund für eine kranke

---

[6] Norman P. Grubb, *Rees Howells: Fürsprecher* (Fort Washington, PA: CLC Publications, 2008 Nachdruck von 1952), 114.

[7] Jennifer A. Miskov, *Ignite Azusa: Positioning for a New Jesus Revolution* (Redding, CA: Silver to Gold, 2016).

Frau, als der Heilige Geist ihn wie ein Blitz traf und er seine Geistestaufe empfing und in Zungen sprach. Das, wofür er neun Monate lang gebetet und gefastet hatte, war endlich in Erfüllung gegangen. Er hat nicht einmal gebetet und dann aufgehört. Er betete so lange, bis er das erlebte, worauf er sein Herz gesetzt hatte.

Aimee Semple McPherson (1890–1944) war die erste Person, die das Radio als Heilungsevangelistin einsetzte. An einem Punkt in ihrem Leben war sie so verzweifelt nach mehr von Gott, dass sie ihm Folgendes sagte:

> Oh, Herr, ich bin so hungrig nach deinem Heiligen Geist. Du hast mir gesagt, dass du an dem Tag, an dem ich dich von ganzem Herzen suche, von mir gefunden werden wirst. Jetzt, Herr, werde ich genau hier bleiben, bis du die Verheißung des Heiligen Geistes über mich ausgießt, auf den du mir befohlen hast zu warten, und wenn ich vor Hunger sterbe. Ich bin so hungrig nach ihm, dass ich keinen weiteren Tag warten kann. Ich werde keine weitere Mahlzeit mehr essen, bis du mich taufst.[8]

Nicht lange nachdem sie dies gebetet hatte, wurde sie im Heiligen Geist getauft und wurde dann von Gott in ihrer Generation und darüber hinaus auf bedeutende Weise gebraucht. Sie gründete die Foursquare-Bewegung, die bis heute weltweiten Einfluss hat. Sie leistete auch Pionierarbeit, indem sie ihrer Generation das Evangelium über die Medien und die kreative Kunst vermittelte. Während der Weltwirtschaftskrise ernährte sie in Los Angeles mehr Menschen als das Rote Kreuz.

Randy Clark (*1952), ein ehemaliger Baptistenprediger, erlebte während langer Fastenzeiten eine Reihe von prophetischen Worten und Gabenfreisetzungen, die sein Leben radikal prägten und die Richtung seines Dienstes veränderten. Diese Begegnungen mit Gott bereiteten ihn auf das vor, was sich

---

[8] Aimee Semple McPherson, *This Is That: Personal Experiences, Sermons and Writings of Aimee Semple McPherson* (Los Angeles, CA: The Bridal Call Publishing House, 1919), 43-52.

1994 als Startpunkt für seinen internationalen Dienst erweisen sollte: den Toronto-Segen. Man weiß, dass er zwei vierzigtägige Fastenzeiten und andere kleinere Fastenzeiten absolviert hat, denen große Durchbrüchen in seinem Leben folgten. Heute reist er durch die ganze Welt und hat einen ausgedehnten Heilungs- und Zurüstungsdienst.

Lou Engle (*1952) ist ein geistlicher Vater unserer Zeit, der sich einen Lebensstil des Fastens angeeignet und eine Generation dazu inspiriert hat, sich Gottes Herrlichkeit zu weihen. Er ist stark von dem Fürbitter Frank Bartleman (1871–1936) beeinflusst, der durch Gebet und Fasten half, den Weg für die Erweckung in der Azusa Street zu ebnen. Lou hat Hunderttausende Menschen mobilisiert, das Gelübde der Nasiräer abzulegen und sich durch Gebet und Fasten für Gottes Zwecke abzusondern. Seine Azusa-Now-Stadionveranstaltung zum 110-jährigen Jubiläum der Azusa-Street-Erweckung wurde während eines Fastens geboren. In den nächsten Kapiteln dieses Buches wirst du von ihm aus erster Hand über seine Erfahrungen mit dem Fasten hören.

Heidi Baker (*1959) ist eine Missionarin aus Laguna Beach in Kalifornien, die zusammen mit ihrem Mann Rolland von Gott benutzt wird, um das Land Mosambik durch die Liebe Jesu zu verändern. Heidi hat sich schon in jungen Jahren einen Lebensstil des Fastens angeeignet. Ein paar Monate nach ihrer Bekehrung besuchte sie während einer fünftägigen Fastenzeit eine kleine Pfingstgemeinde und ging vor zum Altar. Als sie sich hinkniete und ihre Arme zum Himmel hob, hatte sie eine Vision, in der Gottes Herrlichkeit sie in ein helles Licht hüllte. Sie war überwältigt von der Gegenwart Gottes und hörte dann, wie er hörbar zu ihr sprach und sie berief, als Missionarin nach Afrika, England und Asien zu gehen.[9] Diese Vision,

[9] Rolland und Heidi Baker, *There's Always Enough* (England: Sovereign World Ltd., 2003), 23-27. „Im Mai, gegen Ende des Semesters, fastete ich fünf Tage lang, um von Gott mehr darüber zu erfahren, was ich mit meinem Leben anfangen sollte. Am Abend des fünften Tages ging ich erwartungsvoll in die kleine Pfingstkirche der Roarks auf dem Land und fühlte mich zum Altar

die sie während eines Fastens erhielt, prägte den Rest ihres Lebens. Noch heute ermutigt Heidi ihr pastorales Team und alle ihre Leiter, einen Tag in der Woche gemeinsam zu fasten.

Lebensrhythmen

Alle Erweckungspioniere, die in diesem Kapitel erwähnt werden, hatten oder haben eine enge Beziehung zu Gott und einen mächtigen Dienst. Sie haben auch alle eines gemeinsam: Sie fasteten zu verschiedenen Zeiten in ihrem Leben oder integrierten das Fasten regelmäßig in ihren Lebensrhythmus, um ihren Hunger nach mehr von Gott zu stillen. Für einige war die Zeit des Fastens eine Vorbereitung und ging entscheidenden Momenten in ihrem Leben voraus. Nach ihrer persönlichen Erweckung kam es dann zu großen Ausgießungen in ihren Diensten oder zu globalen Erweckungsbewegungen. Für andere war das Fasten einfach eine Disziplin, um mit dem Heiligen Geist erfüllt zu bleiben und ihre Sehnsucht nach mehr von Jesus zu stillen. Wieder andere erlebten lebensbestimmende Berufungen, mehr Kraft und Salbung in ihrem Dienst oder eine größere Vertrautheit mit dem Herrn. Alle diese Erweckungspioniere machten das Fasten zu einem regelmäßigen Teil ihres Lebens mit Gott. Wir können in ihre Fußstapfen treten und die Dynamik mitnehmen, die sie uns vorleben.

---

hingezogen. Ich kniete nieder und hob meine Arme zum Herrn ... Plötzlich fühlte ich mich an einen neuen himmlischen Ort versetzt. Pastor Roark predigte, aber ich konnte seine laute, kraftvolle Stimme überhaupt nicht hören. Gottes Herrlichkeit kam wieder zu mir und hüllte mich in ein reines, strahlend weißes Licht. Ich war überwältigt von dem, wer ER ist. Ich hatte mich noch nie so geliebt gefühlt und begann zu weinen. Dieses Mal sprach er hörbar zu mir: ‚Ich berufe dich als Pastorin und Missionarin', sagte er. ‚Du sollst nach Afrika, Asien und England gehen.' Wieder pochte mein Herz und raste. Ich dachte, ich könnte sterben."

Kapitel 3

Die Wiederbelebung der geistlichen Disziplinen

Ich muss nur noch auf das Feuer warten. Ich habe den Altar gebaut und das Holz bereitgelegt und das Opfer vorbereitet; ich muss nur noch auf das Feuer warten.[1]

Evan Roberts,
Leiter der walisischen Erweckung (1904–05)

Sich positionieren, um sich an Gott zu laben

Wenn ich Menschen sagen höre, dass sie wie John Wesley, Smith Wigglesworth, John G. Lake, Aimee Semple McPherson, Heidi Baker oder sogar Jesus sein wollen, ermutige ich sie, in die Fußstapfen dieser geistlichen Riesen zu treten und sich den Lebensstil anzueignen, den sie vorgelebt haben. Sie alle haben die Gnade geschätzt, die uns in Form der geistlichen Disziplinen angeboten wird, um eine tiefere Vertrautheit mit Jesus zu erlangen. Sie alle lebten mit ihren Lampen voller Öl und sorgten regelmäßig dafür, dass sie alles empfangen

---

[1] „Mr Roberts Tells the Story of His Conversion", *The Religious Revival in Wales:* Zeitgenössische Zeitungsberichte über die walisische Erweckung von 1904-1905, veröffentlicht von der Western Mail (Shropshire, England: Quinta Press, 2004), 216-220. Dies stand in einem Brief von Roberts an Rev. Thomas Francis, einen calvinistischen Methodistenpfarrer, vom 28. Dezember 1904.

konnten, was Gott für sie hatte, indem sie diese geistlichen Abläufe in ihr tägliches Leben integrierten.

Sie alle praktizierten auch einen Lebensstil, bei dem sie ihre Beziehung zu Christus durch Fasten bewusst vertieften. Sie waren bereit, einen Preis zu zahlen, um ein heiliges Leben zu führen. Wenn wir in der gleichen Autorität, Herrschaft, Macht, Liebe und Intimität leben wollen wie sie, ist es ein guter Anfang, uns auf die geistlichen Wege einzulassen, auf denen sie das Leben fanden.

Bevor wir uns mit dem Fasten beschäftigen, wollen wir erst einmal verstehen, warum die geistlichen Disziplinen für einen Lebensstil des Brennens so wichtig sind. Ich weiß, dass viele heute zusammenzucken, wenn sie das Wort *Disziplin* hören. Aufgrund früherer Erfahrungen oder weil sie durch religiöse Regeln in die Irre geführt wurden, kann dieses Wort negativ besetzt sein. Aber damit es nicht so klingt, als würde uns etwas aufgedrängt werden, möchte ich es für unsere Zwecke neu definieren. Ich möchte das Wort aus der religiösen Schublade holen und es in einen *Beziehungskontext* stellen.

Es ist wichtig zu verstehen, dass geistliche Disziplinen letztlich dazu dienen, *Gott zu erkennen*. Sie sind geistliche Wege zu einer tieferen Vertrautheit mit Gott. Wir praktizieren diese Lebensweisen aus freien Stücken und nicht, weil wir Bestrafungen fürchten oder religiöse Pflichten erfüllen wollen. Wenn wir von der Liebe Jesu überwältigt sind, fällt es uns leicht, die Einladung anzunehmen, auf der Straße der Heiligkeit zu wandeln. Die geistlichen Disziplinen helfen uns, in allen Stürmen das Antlitz Jesu im Blick zu behalten. Wir praktizieren sie nicht aus Pflichtgefühl, sondern um uns noch mehr an Gott zu erfreuen.

Gott will seine Braut zubereiten, alles, was er in dieser neuen Zeit hat, willkommen zu heißen. Er will uns dazu ausrüsten, das wieder aufleben zu lassen, was in der Vergangenheit übersehen, vergessen, missbraucht, zerbrochen, missverstanden oder zweckentfremdet wurde. Gott stellt eine Armee von Liebenden auf, die für ihn alles tun und überall hingehen werden.

Geistliche Wege zur Intimität

Zu den geistlichen Disziplinen, die auch als Tugenden oder Wege zur Intimität bezeichnet werden, gehören Gebet, Meditation, Fasten, Feiern, Lesen des Wortes Gottes, Anbetung, den Ruhetag halten, Stille, Geben, Gemeinschaft und vieles mehr. Diese Praktiken helfen uns, unser Leben auf den Himmel auszurichten und unsere Beziehung zu Gott zu vertiefen. Diese Wege sind eine *Einladung*, die verborgenen Bereiche im Herzen des Vaters zu erkunden.

Die Welt schreit nach Menschen mit Tiefgang, die aus der Verbundenheit mit dem Schöpfer leben können. Diese Tugenden des geistlichen Lebens helfen uns dabei, tiefe Menschen zu werden, die in dem Einen verwurzelt sind, der das lebendige Wasser des Lebens ist.[2] Es gibt noch so viel mehr vom Herzen des Vaters zu entdecken. Diese Wege helfen uns einfach dabei, uns auf diese Reise zu begeben.

Wir nutzen die geistlichen Disziplinen, damit wir tief im Herzen Gottes leben können. In seinem Buch *Nachfolge feiern* sagt Richard Foster: „Was wir heute am nötigsten brauchen, sind nicht mehr intelligente und begabte Leute, sondern mehr Menschen, die aus der Tiefe heraus leben.“[3]

> Die Zielsetzung dabei ist die Befreiung des Menschen aus der unterdrückenden Sklaverei durch Selbstsucht und Angst. Wenn ein Mensch innerlich von solchen Fesseln los wird, dann kann man darin doch wohl keine drückende Last mehr sehen. Singen und Lachen als Ausdruck großer Freude können durchaus Merkmale der Einübung ins geistliche Leben sein, der gefeierten Nachfolge Christi.[4]

---

[2] Richard Foster, *Nachfolge feiern,* Oncken Verlag, Wuppertal und Kassel, 1986, S. 9. Foster sagt: „Die klassischen geistlichen Übungen fordern uns auf, durch die Oberfläche hindurchzudringen und in die Tiefen des Seins vorzustoßen.“

[3] Ebd.

[4] Ebd.

Jeder Mensch pflegt seine Beziehung zu Gott anders, je nach seiner Persönlichkeit und seiner Veranlagung. Manche Menschen fühlen sich eher in der Natur oder in der Stille mit Gott verbunden, während andere bei bestimmten Aktivitäten oder durch Musik oder Tanzen mit ihm in Kontakt kommen. Das Praktizieren der Disziplinen hilft jedem, unabhängig von seiner Veranlagung, eine tiefere Verbindung zu Gottes Herz zu bekommen.

Ich gehe regelmäßig raus in die Natur und verbringe Zeit damit, auf Gott zu warten, sein Wort zu lesen oder einfach bei ihm zu sein. Ich sehne mich danach, mit ihm allein zu sein. Niemand anderes und nichts anderes kann mich jemals zufriedenstellen. Wenn wir uns diese geistlichen Wege aneignen, hilft uns das, bei dem zu sein, den wir lieben. Zeit mit dem lebendigen Gott zu verbringen, nur um mit ihm Gemeinschaft zu haben, ist eine der wertvollsten Investitionen, die wir in diesem Leben tätigen können.

Die geistlichen Disziplinen

- verhelfen uns in die Lage, Gottes Stimme zu hören
- vertiefen unsere Beziehung zu Gott
- laden uns ein, uns an Gott zu laben
- steigern unseren Hunger nach mehr von Gott
- richten uns darauf aus, Gottes Segnungen zu empfangen
- bereiten uns darauf vor, die Berufung Gottes auf unserem Leben umzusetzen
- helfen uns, dass unsere Lampen mit dem Öl des Heiligen Geistes gefüllt bleiben

Die geistlichen Disziplinen sind dazu da, um Freiheit und Befreiung bringen. Unsere Motivation, sie in unser Leben zu integrieren, sollte immer die Sehnsucht sein, Gott besser kennenzulernen (s. Ps 42,1-2). Wenn wir diese Wege zu mehr Intimität beschreiten, hilft uns das, fokussiert und selbstbeherrscht zu sein und ein heiliges Leben zu führen. Diese Tugenden können auch wie ein reinigendes Feuer wirken. Nur wer reinen Herzens ist, wird Gott sehen (s. Mt 5,8). Es besteht zwar immer die Gefahr, dass geistliche Disziplinen zu Gesetzen und leeren Ritualen verkommen, aber die Angst davor sollte nicht größer sein als der Wunsch, den König der Könige zu ergreifen, indem wir uns vor seinen Thron stellen. Die Disziplinen helfen uns, genau das zu tun.

Manche Menschen verwechseln die Disziplinen mit Sich-Abmühen oder dem Versuch, Gott zu manipulieren oder zu kontrollieren, obwohl das überhaupt nicht der Wirklichkeit entspricht. Zwar kann nur Gott uns geistlich wachsen lassen, doch können wir einen Lebensstil pflegen, der dies begünstigt. Geistliche Disziplinen mit der Landwirtschaft zu vergleichen, kann uns dabei eine Hilfe sein. Ein Landwirt kann den Boden bearbeiten, Samen säen, die Pflanzen begießen und eine Umgebung schaffen, die das Wachstum fördert, aber er kann die Samen nicht zum Wachsen bringen. Wenn aber die Sonne scheint und der Regen kommt und das, was angebaut wurde, durchtränkt, sprießt das Leben (vgl. Gal 5,22-25).

Das Gleiche gilt auch für uns. Wir alle tragen Samen der Bestimmung in uns, die Gott in unser Herz gelegt hat. Wenn wir unseren Herzensboden pflegen, indem wir die geistlichen Disziplinen praktizieren, stellen wir uns im Wesentlichen unter den Wasserfall der Gnade Gottes. Die Fluten seines Heiligen Geistes durchtränken unser Leben und lassen die Samen, die er gesät hat, zur rechten Zeit aufgehen (vgl. Jes 61,11).

Geistliche Disziplinen können auch mit dem Training im Sport verglichen werden. Sportlerinnen und Sportler gewinnen keine Goldmedaillen, indem sie zu Hause sitzen und fernsehen. Sie trainieren ihren Körper für den Wettkampf, ob sie sich danach fühlen oder nicht. In ähnlicher Weise können geistliche Disziplinen ein geistliches Training für uns sein, damit wir bereit sind, das Reich Gottes voranzubringen und mit dem Himmel zusammenzuarbeiten – in der Saison und außerhalb. Wenn wir unsere geistlichen Muskeln auf diese Weise trainiert haben, werden wir bereit sein, Unterdrückte zu befreien, dämonische Festungen niederzureißen, Heilung freizusetzen, den Einzelnen zu sehen und die Zerbrochenen zu lieben, wenn die Zeit gekommen ist (s. Jer 1,10). Wenn wir unsere Lampen regelmäßig mit Öl füllen, werden wir bereit sein, zur festgesetzten Zeit mit dem Bräutigam das Fest zu feiern, das er für uns vorgesehen hat.

Die Freiheit, in seiner Gegenwart aufzusteigen

Wenn du unter einem unterdrückenden gesetzlichen System warst, statt unter der Liebe, oder die geistlichen Disziplinen gemieden hast, weil du durch eine unangemessene oder gesetzliche Praxis verletzt wurdest, möchte ich dir im Namen derer, die dich verletzt haben, sagen, dass es mir sehr leidtut. Du hättest nicht so behandelt werden dürfen. Ich möchte im Namen aller Leiter(innen), die dich verletzt oder es nicht verstanden haben, die Freude an den geistlichen Disziplinen vorzuleben, um Vergebung bitten.

Und ich habe gute Nachrichten für dich. Heute ist ein neuer Tag. Es ist ein Tag der Freiheit. Ich bin hier, um einen besseren Weg vorzustellen. Ich lade dich ein, dich vom Heiligen Geist leiten zu lassen, anstatt auf einen Geist der Angst oder falsche Erwartungen zu reagieren, der dir auferlegt worden sind.

Gott möchte Zeit mit dir verbringen. Es erfordert Disziplin, sich Zeit zu nehmen, um mit ihm allein zu sein, und sich nicht davon abbringen zu lassen. Du wirst viele Kämpfe ausfechten müssen, um deine Zeit mit Gott zu schützen. Die geistlichen Disziplinen werden dir helfen, diese Kämpfe zu gewinnen. Die Disziplinen sollen dich nicht einsperren, sondern dich an Christus selbst binden. Vergiss nicht, dass sie in Wahrheit einfach nur Wege zu einer größeren Vertrautheit mit Gott sind.

Möge Gott diese Gnadenportale nutzen, um dich dazu zu befreien, sein Herz völlig kennenzulernen und tiefer darin einzutauchen. Möge der Zugang zu diesen Wegne zur Intimität dir helfen, eine tiefere Vereinigung mit Gott zu erleben. Motiviert durch deine Liebesbeziehung zu Jesus und indem du der Führung des Geistes folgst, befreie ich dich in Jesu Namen von der Furcht, dich auf diese geistlichen Stärkungen einzulassen. Ich setze die Gnade frei, dass du denen vergeben kannst, die dich durch Gesetzlichkeit verletzt haben. Ich setze in dir auch den Mut frei, in eine neue Welt einzutauchen, in der du alle anderen Geliebten aufgibst, um allein ihn zu umarmen. Heute rate ich dir, alles beiseitezulegen, nur um Jesus zu sehen.

> *Das ist die eine Sache, nach der ich mich von Gott sehne,*
> *die eine Sache, die ich vor allem anderen suche:*
> *Ich möchte das Privileg haben,*
> *jeden Augenblick mit ihm in seinem Haus zu leben,*
> *die süße Lieblichkeit seines Antlitzes zu entdecken,*
> *voller Ehrfurcht zu sein*
> *und mich an seiner Herrlichkeit und Gnade zu erfreuen.*
> *Ich möchte mein Leben so nah bei ihm leben,*
> *dass er sich an jedem meiner Gebete erfreut* (Ps 27,4 TPT).

Kapitel 4

Sich an Gott laben

Hör zu! Bist du durstig nach mehr?
Komm zu den erfrischenden Wassern und trinke.
Auch wenn du kein Geld hast, komm, kauf und iss.
Ja, komm und kaufe so viel Wein und Milch,
wie du willst – es wird nichts kosten.
Warum solltest du dein hart verdientes Geld
für etwas ausgeben, das dich nicht ernähren kann,
oder so hart für etwas arbeiten,
das dich nicht befriedigen kann?
Also hör mir gut zu
und du wirst ein üppiges Festmahl genießen
und dich an den besten Speisen erfreuen.

Jesaja 55,1-2 TPT

Was ist geistliches Fasten?

Nachdem wir nun gesehen haben, wie wichtig geistliche Disziplinen insgesamt sind, ist es an der Zeit, sich auf die geistliche Disziplin des Fastens zu konzentrieren. Bevor ich das Feuerfasten vorstelle, wollen wir uns die Grundlagen des geistlichen Fastens ansehen und was es ist. Geistliches Fasten bedeutet, auf Nahrung zu verzichten, um den geistlichen Hunger nach Gott zu fördern. Das Fasten, über das wir hier sprechen werden, ist der Verzicht auf Nahrung zu geistlichen

Zwecken. Das Ziel des geistlichen Fastens ist es, die Nahrung durch Gebet und Gemeinschaft mit Gott zu ersetzen. Wann immer man einen Hungerschmerz verspürt, ist das eine Erinnerung daran, zu beten und Gott mehr zu suchen.

Beim Fasten geht es eigentlich darum, sich an Gott zu laben. Es ist ein Weg, um unser Leben mit ihm zu vertiefen. Es ist eine Einladung zu größerer Intimität. Es ist auch eine mächtige Waffe, die wir einsetzen können, um Festungen niederzureißen, Unterdrückte zu befreien, Kranke zu heilen, Bestimmungen mit Gott in Einklang zu bringen und den Hunger nach mehr von Gott zu wecken. Bei allen geistlichen Disziplinen, einschließlich des Fastens, sollten wir vor allem das Antlitz Jesu suchen (s. Joel 2,12; Sach 7,5; Apg13,2).

Fasten wird in der Bibel nicht explizit als Gebot genannt, doch liegt das wahrscheinlich daran, dass die meisten Gläubigen als Teil ihres geistlichen Lebens bereits regelmäßig gefastet haben. Man scheint in der Bibel davon ausgegangen zu sein, dass Menschen, die Jesus nachfolgen, regelmäßig fasten, weil er gefastet hat. Ähnlich wie Jesus sagte: „Wenn ihr den Bedürftigen etwas gebt", und damit andeutete, dass dies ein normaler und erwarteter Teil der Spiritualität ist, sagte Jesus auch in Matthäus 6,16: ***„Wenn** ihr fastet …"* Er sagte nicht: ***„Falls** ihr fastet …"* Wenn Jesus unser Vorbild ist und regelmäßig gefastet hat, dann sollten wir in seine Fußstapfen treten.

Die Evangelien berichten von einer Zeit, in der Jesus, nachdem der Geist ihn in die Wüste geführt hatte, vierzig Tage lang fastete, um sich auf eine neue Zeit vorzubereiten (s. Mt 4,1-11; Mk 1,9-13). Unmittelbar nach seiner Rückkehr aus dem langen Fasten begann er mit seinem Dienst und berief seine Jünger. Längere Fastenzeiten haben sich für viele in Verantwortung als wichtig erwiesen, um sie selbst und ihren Dienst in eine größere Zukunft zu führen.

Verschiedene Arten von Fasten

Es gibt viele verschiedene Arten des Fastens. Während manche Fastenzeiten aus gesundheitlichen Gründen, zur Entgiftung oder zur Reinigung durchgeführt werden, wollen wir uns hier auf das biblische Fasten konzentrieren, das mit christlicher Spiritualität verbunden ist, um in unserer Beziehung zu Gott zu wachsen. Im Folgenden sind einige der geistlichen Arten zu fasten aufgeführt, die in der Heiligen Schrift erwähnt werden:

- absolutes Fasten (auch bekannt als Esther-Fasten): keine Nahrung und kein Wasser (normalerweise nur drei Tage, manchmal in Notfällen: Est 4,16; Apg 9,9; 5 Mose 9,9.18; 2 Mose 34,28)
- volles Fasten: Fasten nur mit Wasser (Mt 4,2)
- Teilfasten (auch als Enthaltsamkeit oder Daniel-Fasten bekannt): Einschränkung der Ernährung, aber nicht vollständiger Verzicht auf Nahrung (Dan 1,15; 10,3)
- privates Fasten: das häufigste Fasten, sollte heimlich durchgeführt werden (Mt 6,16)
- regelmäßiges Fasten: ein- oder zweimal pro Woche als Disziplin (Sach 8,19; Lk 18,12)
- öffentliches/gemeinschaftliches Fasten: manchmal in Zeiten gemeinschaftlicher oder nationaler Notlagen (s. Joel 2,15; 2 Chr 20,1-4; Esra 8,21-23)
- das Feuerfasten: eines der oben genannten geistlichen Fasten, bei dem es vor allem um Intimität, Hingabe und Erweckung geht (s. Joh 5,35)

Neben der obigen Liste kannst du auch eine Zeit lang auf Dinge wie Fernsehen, soziale Medien, Einkaufen, Zucker, Süßigkeiten, Kaffee, Alkohol usw. verzichten, was ebenfalls eine gute Praxis ist. Ich habe einmal einen ganzen Sommer lang in Bezug auf die sozialen Medien gefastet, was mir geholfen hat, meinen Kopf freizubekommen, um mein Buch „Walking on

Water"[1] („Auf dem Wasser gehen") zu schreiben. Du kannst auch fasten, indem du nicht redest, wie ich es während der Arbeit an dem Manuskript für das vorliegende Buch während eines Schweigeexerzitiums in einem Kloster getan habe. Es gibt auch ein Fasten auf Zeit, um eine Zeit lang ausschließlich mit dem Herrn zu verbringen.

Manche Menschen haben gesundheitliche Probleme, die ihnen bestimmte Arten von Fasten verbieten, daher sind diese Alternativen ideal für diejenigen, die trotzdem mitmachen wollen. Es ist wichtig zu erkennen, dass Gott alles benutzen kann, um den Hunger zu wecken. Auch wenn alternative Fastenmethoden gut sind, habe ich die größte Sehnsucht, den größten geistlichen Hunger und die größte Wirkung während eines Essensfastens erlebt.

Im Folgenden erzählt Heidi Baker von einem einzigartigen Fasten, zu dem Gott sie aufrief, kurz bevor 2020 die globale Pandemie ausbrach. Sie hatte keine Ahnung, warum sie gebeten wurde, alles abzusagen, aber Gott wusste es die ganze Zeit!

Fastenzeit von Heidi Baker

2019 bat mich der Herr, meine Termine abzusagen, um vierzig Tage mit ihm in der Wüste in Israel zu verbringen. Wenn ich das jetzt erzähle, kommen mir fast die Tränen, denn Gott wusste, was 2020 kommen würde, und er hat mich darauf vorbereitet.

In Brasilien bei einer großen Versammlung offenbarte er es mir zum ersten Mal. Ich lag mit dem Gesicht nach unten auf dem Teppichboden und war in tiefer Anbetung versunken. Dann gingen alle weg außer einem kleinen süßen Mädchen namens Grace, das fünfundvierzig Minuten lang für mich betete.

In dieser Zeit warb der Herr um mich und sagte: „Heidi, willst du mit mir in die Wüste gehen?"

---

[1] Jennifer A. Miskov, *Walking on Water: Experience a Life of Miracles, Courageous Faith and Union with God*. Chosen Books 2017.

Mein Gehirn schaltete sich ein und dachte: *Wie lange wird das wohl dauern?* und: *Ist das wieder ein vierzigtägiges Fasten? Was verlangst du von mir?*

Er sagte: „Ich befehle es dir nicht, aber ich locke dich in die Wüste. Kommst du mit?“

Ich war völlig fertig und fing an zu weinen. Ich sagte: „Ja, Herr. Was es auch kostet, ich werde kommen.“

Ich war mir sicher, dass er mir sagen würde, ich solle fasten, aber stattdessen sagte er: „Ich rufe dich zu einem Festmahl mit mir in der Wüste.“

Dann fragte ich: „Wie, Herr? Und wann?“ Ich sagte ihm, dass ich einen Dienst in mehr als dreißig Ländern leite, in Mosambik lebe und um die Welt reise und dass ich einen sehr vollen Terminkalender habe. All diese Details spukten mir im Kopf herum.

Dann sagte er: „Ich werbe um dich, kommst du?“

In diesem Moment, bevor ich wusste, was es bedeutete, wie viel es mich kosten würde, wo es sein würde, wie lange es dauern würde und was wir dort tun würden, sagte ich mit allem, was in mir ist: „Ja, Herr, ich werde dir überallhin folgen.“

Ich hatte in dieser Zeit sehr viele Termine in Mosambik und in anderen Teilen der Welt in meinem Kalender stehen. Aber er sagte: „Ich möchte vierzig Tage in der Wüste. Ich möchte, dass du kommst und mich anbetest und dich an mir labst. Ich möchte gerne diese Zeit.“ Es gab keine Möglichkeit, das auf natürliche Weise zu tun, aber ich war entschlossen, dem Herrn zu gehorchen und ihm vierzig Tage in Israel zu schenken. Ich war entschlossen, diese Zeit komplett zu fasten und sie ihm vollständig zu überlassen. Ich nahm einen großen Radiergummi und radierte damit die Termine in meinem Terminkalender in diesen vierzig Tagen aus. Ich gehorchte ihm und fastete sozusagen meine Termine, um mich in der Wüste an ihm zu laben. Das war im Jahr 2019, kurz bevor die Welt in den Lockdown ging. Jetzt, im Nachhinein, wird mir klar, wie prophetisch und kraftvoll diese Auszeit war.

Während dieser Zeit vertiefte ich mich sehr in Gottes Wort. Er zeigte mir Dinge, die kommen würden. Er zeigte mir außergewöhnlichen Hunger. Er zeigte mir mehr Konflikte und Kriegssituationen. Er zeigte mir sehr viel über 2020 und gab mir in dieser Zeit Kraft. Es war eine Zeit des Fastens, aber auch eine Zeit des Feierns. Ich war so voll von ihm. Ich schob alle Treffen und alles andere beiseite.

Eine verrückte Sache, die sich während meines Fastens in der Wüste ereignete, war, dass die Befragung wegen unserer Iris-Universität zur gleichen Zeit stattfinden sollte. Das war die Sitzung, in der es um die Erlaubnis ging, offiziell eine Universität zu werden. Darauf hatte ich mich über zehn Jahre lang vorbereitet, und sie sollte genau in der Mitte meiner Zeit der Absonderung mit dem Herrn stattfinden. Ich hätte fast mein Fasten gebrochen, um in ein Flugzeug nach Mosambik zu steigen und bei der Befragung dabei zu sein, denn ich dachte, *ich fliege mal eben hin und vertrete die Universität in Maputo und fliege dann einfach wieder zurück und vollende die vierzig Tage in der Wüste.* Und der Herr sagte: „Ist es das, um was ich dich gebeten habe?"

Die Gründung der Iris University war einer meiner größten Träume und eine meiner größten Herausforderungen. Es war ein großes „Baby". Ich war über zehn Jahre lang mit diesem Traum schwanger! Aber ich sagte: „Nein, Herr, ich werde dir gehorchen. Ich werde hierbleiben."

Ich erinnere mich, dass ich diesen ganzen Tag nichts gegessen habe. Ich kletterte allein in die Wüstenberge und betete aus voller Kehle an. Ich weinte, als mein Team in Maputo war, um die Befragung ohne mich zu bestehen. Ich gehorchte dem Herrn, indem ich nicht daran teilnahm, wie der Traum, den er mir so viele Jahre zuvor gegeben hatte, in Erfüllung ging. Es war ja gar nicht meine Idee, sondern die seine.

Als ich den Berg herunterkam und zu meiner Unterkunft zurückkehrte, rief ich mein Team an. Sie sagten mir, dass die Befragung gar nicht stattgefunden habe, weil einige Regierungsbeamte aus dem Bildungsministerium nicht erschienen seien.

Und da war ich nun in der Wüste mit dem Herrn, betete an, fastete und verehrte ihn. Er wusste es die ganze Zeit. Ich weinte. Ich war so dankbar, dass ich Gott in diesem Moment gehorcht hatte.

Später im Jahr 2020, nach drei Versuchen, fand die echte Befragung statt und ich war dabei! Ich war im Geist vorbereitet. Ich war im Gebet vorbereitet. Ich war vorbereitet in der Tiefe und der Salbung, die der Herr auf uns gelegt hat, um diesen Traum zu erfüllen. Im Jahr 2020 bestanden wir die Befragung und erhielten die Genehmigung, die Iris University offiziell zu gründen.

Fasten ist eine wunderschöne Sache. Es hat tatsächlich viel mit Gehorsam zu tun.

Liebst du Gott mehr als deinen Terminplan? Liebst du ihn mehr als deine Beziehungen zu anderen Menschen? Mehr als Essen? Mehr als Komfort? Es ist nicht so, dass wir diese wunderbaren Segnungen niemals haben werden. Er weiß nur, warum und wie er dich zum Fasten auffordern will. Wenn er uns führt, wird das Fasten tatsächlich zu einem Vergnügen. Das ist es, was ich für mich selbst entdeckt habe. Das Fasten, bei dem ich mich mit niemandem treffe und nur mit ihm zusammenkomme, ist eines der kraftvollsten und wertvollsten überhaupt.

Kapitel 5

Motive für das Fasten

Die Nachlässigkeit in unserem Leben können wir nur überwinden, wenn wir die feurige Gegenwart Gottes erfahren und zulassen, dass sie der motivierende Faktor in unserem Leben ist.[1]

A. W. Tozer

In verschiedenen Lebensphasen kann es unterschiedliche Beweggründe geben, zu fasten. Es ist immer am besten, wenn wir auf die Einladung und die Führung des Heiligen Geistes eingehen, egal wie das aussehen mag. Es gibt auch Zeiten, in denen wir Gott einfach lieben wollen, indem wir ihm dieses Opfer bringen. Solange unser Herz rein bleibt und wir Gott damit ehren wollen, ist jeder dieser Gründe für das Fasten gut und biblisch. Hier sind ein paar Beispiele für Gründe, aus denen man fasten kann:

- um im Hunger nach Gott zu wachsen
- um den Fokus zurückzugewinnen
- um sich neu zu positionieren oder auszurichten
- um von Süchten oder Gewohnheitssünden bzw. Bindungen frei zu werden
- um anderen zu helfen, frei zu werden (s. Jes 58,6; Lk 9,1-2)

---

[1] A. W. Tozer, *The Fire of God's Presence*, 175

- für den geistlichen Kampf (z. B. um Dämonen auszutreiben: Mt 17,21)
- um Führung bei Entscheidungen zu erhalten (Dan 9,2-22)
- als Akt der Demut (Ps 69,10; Joh 4,8)
- um geläutert zu werden
- um Früchte des Geistes zu entwickeln, wie z. B. Selbstbeherrschung
- um im Fürbittegebet zu wachsen
- um in zukünftige Zeiten zu säen
- um sich abzusondern als Akt der Hingabe an Gott (Daniel)
- um sich darauf vorzubereiten, eine größere Vollmacht und Salbung zu empfangen

Es ist auch wichtig, dass man beim Fasten eine Ausgewogenheit wahrt und nicht unter Gesetz, Gericht, Selbstgerechtigkeit oder Verdammnis gerät. Nur der Heilige Geist kann uns beim Fasten wirklich durchtragen, und wir sollten uns in allen Dingen immer vom Geist leiten lassen. Nicht durch unsere eigene Macht oder Kraft, sondern durch seinen Geist werden wir während einer Fastenzeit gestärkt (s. Sacharja 4,6). Bei längeren Fastenzeiten solltest du dich vergewissern, dass Gott das will, sonst könnte es sein, dass du nur fastest und Hunger bekommst. Manchmal möchtest du vielleicht fasten, um Gott zu ehren, dich hinzugeben, Barmherzigkeit zu erbitten, in die Zukunft zu investieren oder einfach, um Gott anzubeten. Solange dein Herz rein bleibt und du es nicht tust, um Gott zu manipulieren oder um dir einen persönlichen und selbstgerechten Vorteil zu verschaffen, bringt das Fasten große Segnungen mit sich (s. Mt 6,16-18).

Fasten für einen Durchbruch

In vielen Fällen kann und wird der Durchbruch durch Fasten kommen (s. Mt 17,21). Aber auch wenn das Fasten ein Schlüssel zum Durchbruch ist, ist es wichtig zu wissen, dass es nicht immer der einzige Schlüssel ist, den Gott uns in einer bestimmten Situation empfiehlt. Es gibt Zeiten, in denen ein Durchbruch nicht unbedingt nur durch Fasten erreicht wird, sondern auch dadurch, dass wir die Ketten der Ungerechtigkeit lösen, die Armen unterstützen oder radikale Großzügigkeit üben. In Jesaja 58 war für den Durchbruch die Befreiung der Unterdrückten in Verbindung mit Fasten notwendig. Ein anderes Mal lag der Schlüssel zum Durchbruch darin, sein ganzes Geld den Armen zu geben (s. Mt 19,21) oder sich sieben Mal im Fluss zu waschen (s. 2 Kön 5). Einmal kam der Durchbruch, als Freunde das Dach eines Hauses öffneten, damit eine Person geheilt werden konnte (s. Lk 5,17-26), und ein anderes Mal kam er, indem jemand einfach den Saum seines Gewandes berührte (s. Mt 9,20-22).

Auch wenn die Schlüssel zu unseren Durchbrüchen zu verschiedenen Zeiten unterschiedlich sind, ist Gehorsam letztendlich der größte Schlüssel. Manchmal funktioniert das, was uns in einer bestimmten Zeit den Durchbruch gebracht hat, in der nächsten nicht mehr. Deshalb ist es wichtig, dass wir Zeit mit Gott verbringen und uns in allen Dingen vom Geist leiten lassen. Wir haben eine Beziehung zu der Person Jesus, und es ist wichtig, auf seine Führung einzugehen. *Unsere Heilung und unsere Durchbrüche finden wir nicht in geistlichen Übungen, sondern in einer Person.* Deshalb ist es wichtig, sich *nicht* von geistlichen Übungen, sondern *vom Geist* leiten zu lassen.

Fasten ist also *ein* Schlüssel, den Jesus regelmäßig vorgelebt und gelehrt hat und der in verschiedenen Bereichen zum Durchbruch führen kann, vor allem wenn es darum geht, Menschen von dämonischer Unterdrückung zu befreien. Oft sind Gebet und Fasten notwendig, um einige der schwierigeren geistlichen Kämpfe zu gewinnen, mit denen wir konfrontiert sind.[2] Und wenn jemand durch Fasten die Herrschaft über

---

[2] Richard Foster, *Nachfolge feiern,* Oncken Verlag, Wuppertal und Kassel, 1986, S. 58.

seinen Körper und seine Selbstbeherrschung erlangt, wird er auch in der Lage sein, über geistliche Festungen zu herrschen.

Warum ich faste

Seit mehr als fünfundzwanzig Jahren ist Fasten ein fester Bestandteil meines Lebensstils und ich habe die meisten der oben erwähnten Fastenarten auf meinem geistlichen Weg schon einmal ausprobiert. In meinem letzten Jahr an der Vanguard University belegte ich einen Kurs mit dem Titel „Geistliche Disziplinen“, in dem Bill Dogterom, mein Professor, uns alle dazu aufforderte, während des Semesters jede Woche einen Tag zu fasten. Obwohl es eines meiner schwierigsten Semester war, habe ich am Ende des Semesters die besten Noten bekommen, weil ich die geistlichen Disziplinen, einschließlich des Fastens, praktiziert habe. Seitdem habe ich diesen Rhythmus des regelmäßigen Montagsfastens beibehalten.

Ja, ich gehöre zu den seltsamen Menschen, die die geistliche Disziplin des Fastens tatsächlich mögen. Es ist nicht so, dass ich nicht gerne esse; ich finde es einfach gut, dass ich etwas tun kann, um mich in eine Lage zu versetzen, die meinen Hunger nach Gott steigert und mein geistliches Wachstum beschleunigt. Ich liebe es, dass ich mehr von Gott erfahren kann, indem ich mich ganz und gar dem Hunger nach ihm hingebe. Er ist mein Gut und mein Teil (s. Ps 16,5).

Als ich mich auf das Fasten eingelassen habe, habe ich eine sehr radikale Fokussierung, Klarheit in der Entscheidungsfindung und die Ausrichtung auf seinen vollkommenen Willen erlebt. Ähnlich wie das Aufsetzen einer Schwimmbrille unter Wasser hat mir das Fasten immer wieder geholfen, im Geist klarer zu sehen. Ich bin keineswegs ein Experte – lediglich jemand, der die Freuden des Fastens und die damit einhergehende größere Intimität und Offenbarung entdeckt hat. Ich möchte einfach nur sicherstellen, dass jeder weiß, wie besonders und leicht zugänglich dies wirklich ist.

Ich faste

- um mehr von Gott zu erfahren
- um mit Gott zu kommunizieren
- um in meinem Hunger nach Gott zu wachsen
- um neu für seine Absichten in meinem Leben gereinigt zu werden
- um für ihn abgesondert zu sein
- um in die nächste Saison meines Lebens zu säen
- weil Jesus fastete
- um die Quellen anderer Erweckungspioniere anzapfen
- um bereit zu sein, mich auf das einzulassen, was Gott tut
- um einen Durchbruch zu erleben
- um meinen Fokus wieder zu schärfen
- um Weisheit zu suchen und Klarheit in meinen Entscheidungen zu bekommen
- um mich mit seinen Plänen für mein Leben eins zu machen
- als ein Akt der Hingabe und Anbetung für ihn
- um mit dem Öl des Heiligen Geistes erfüllt zu bleiben

Fasten, um voll mit dem Öl der Intimität zu bleiben

Die Gründe, warum ich zu verschiedenen Zeiten faste, sind unterschiedlich, aber im Allgemeinen faste ich regelmäßig, weil ich mit dem Öl seiner Gegenwart gefüllt bleiben möchte. Ich möchte das Feuer der Liebe zu Jesus gut hüten. Für bestimmte Arten von Lampen ist Öl notwendig, um das Feuer im Inneren am Brennen zu halten. Fasten ist eine Möglichkeit, unsere Lampen mit Öl zu füllen, damit das Feuer Gottes in uns nie erlischt. Wenn Öl auch für den Heiligen Geist steht, kann man auch sagen, dass das Fasten uns hilft, mit dem Heiligen Geist gefüllt zu bleiben, damit wir weiterhin hell für Jesus brennen können und zu jeder Zeit bereit sind.

In Matthäus 25,1-13 sagt Jesus, dass das Himmelreich zehn Jungfrauen gleicht, die mit ihren Lampen dem Bräutigam entgegengingen. Das einzige Problem war, dass fünf dieser Jungfrauen nicht genug Öl für ihre Lampen mitbrachten. Die anderen fünf brachten zusätzliche Krüge mit Öl mit, damit sie zu jeder Stunde bereit waren, mit dem Bräutigam mitzugehen, wann immer er erscheinen würde.

Der Bräutigam war noch nicht da, und es wurde spät. Sie wurden alle müde und schliefen ein. Dann, mitten in der Nacht, hörten sie den Ruf, dass der Bräutigam gekommen war. Sofort wachten sie auf und machten ihre Lampen zurecht, damit sie mit dem Bräutigam in den Festsaal eintreten konnten. Den fünf törichten Jungfrauen ging das Öl aus und sie konnten nicht mitkommen. Sie hatten nicht genug Öl, um ihr Feuer am Brennen zu halten. Sie baten die fünf klugen Jungfrauen um etwas von dem Öl, das diese für diesen Moment aufbewahrt hatten, aber sie bekamen ein klares „Nein".

Die fünf klugen Jungfrauen wollten nicht riskieren, dass irgendetwas sie von diesem Moment abhält. Die fünf unvorbereiteten Jungfrauen liefen in die entgegengesetzte Richtung, um Öl zu holen, während die fünf klugen Jungfrauen direkt zum Hochzeitsmahl mit dem Bräutigam gingen. Dann wurde die Tür zum Fest geschlossen.

Als die törichten Jungfrauen dann an der Eingangstür ankamen, war es schon zu spät. Weil sie nicht für genügend Öl gesorgt hatten, erkannte der Bräutigam die anderen Jungfrauen nicht einmal, als sie endlich kamen. Er sagte, er kenne sie nicht. Jesus beendet diese Geschichte mit einem Satz, den ich folgendermaßen umformuliere: „Darum haltet Wache, bleibt voll, seid bereit, denn wir wissen nicht, wann Gott als Nächstes handelt, in seiner Herrlichkeit erscheint oder seine Macht zeigt." Gott will, dass wir bereit sind, damit wir auch um Mitternacht oder zu einer Stunde, die wir am wenigsten erwarten, voll von ihm und bereit sind, in alles einzutreten, was er für uns hat.

Ich möchte, dass meine Lampe so voll mit dem Öl des Heiligen Geistes ist, dass ich bereit bin, *wenn es an der* Zeit ist, mit dem, den ich liebe, in die geheimen Kammern zu gehen. Ich möchte so voll vom Heiligen Geist sein, dass ich bereit bin, wenn es an der Zeit ist, Dämonen auszutreiben, Menschen mit gebrochenem Herzen zu lieben, für den einen, der gerade vor mir steht, anzuhalten oder in mutigem Glauben hinauszugehen. Ich möchte so sehr von Gottes Liebe überflutet sein, dass sie auf die Menschen um mich herum überschwappt. Ich möchte wie eine der fünf klugen Jungfrauen sein, die auf die Ankunft des Bräutigams warteten und in der Lage waren, in alles hineinzugehen, was Gott für sie hatte. Ich möchte ganz vom Heiligen Geist in Besitz genommen und immer bereit sein, in die Fülle meiner gottgegebenen Bestimmung einzutreten. Ich will bereit sein, das Reich Gottes zu jeder Zeit voranzubringen. Fasten ist eine der Möglichkeiten, wie wir uns bewusst mit dem Öl der Gegenwart Gottes füllen und unsere Aufmerksamkeit auf den Bräutigam richten können.

Kapitel 6

Das Bräutigam-Fasten

von Lou Engle

Jesus gab seinen Jüngern einen Schlüssel an die Hand, damit sie immer nah am Herzen von ihm, dem Bräutigam, leben konnten. Dieser Hauptschlüssel zur Tür der brennenden Zuneigung Jesu war regelmäßiges und ausgedehntes Fasten. Ich möchte eine Bibelstelle anführen, damit du das besser verstehst. Im Zusammenhang mit den neuen Weinschläuchen heißt es in Matthäus 9,14-17 (JdM):

> *Damals kamen die Jünger von Johannes zu ihm und sagten: „Warum fasten wir und die Pharisäer viel, deine Jünger fasten aber nicht?" Jesus antwortete ihnen: „Können die Angehörigen des Hochzeitsfestes denn trauern, während der Bräutigam bei ihnen ist? Es werden aber Tage kommen, dass ihnen der Bräutigam weggenommen wird, dann werden sie fasten. Niemand setzt ein noch neues Stück Stoff auf ein altes Gewand. Es nimmt dem Gewand seine Vollständigkeit, und ein schlimmerer Riss entsteht. Und neuen Wein füllt man nicht in alte Schläuche. Wenn aber doch, zerreißen die Schläuche, der Wein wird verschüttet und die Schläuche sind verdorben. Neuen Wein füllt man vielmehr in neue Schläuche, und so bleibt beides bewahrt."*

Hier sehen wir, dass die Anhänger von Johannes dem Täufer, oft fasteten. Diese Wüstenpropheten wurden von dem Freund des Bräutigams angeleitet, der die meiste Zeit seines Lebens fastend in der Wüste verbrachte. Als der Bräutigam Jesus auf den Plan trat, fasteten seine Jünger überhaupt nicht, sondern genossen lieber seine Gegenwart. Auf die Frage, warum das so sei, sagte Jesus den Johannesjüngern, dass die Gäste des Bräutigams nicht zu fasten bräuchten, wenn der Bräutigam anwesend sei, aber wenn er von ihnen weggenommen werde, dann würden sie fasten. Im Grunde wollte er damit sagen: „Die Vertrautheit, die meine Jünger in diesem Moment erleben, liegt an ihrem direkten Kontakt mit mir. Sie befinden sich in meiner unmittelbaren Gegenwart und hören meine Stimme die ganze Zeit. Deshalb feiern sie jetzt, statt zu fasten. Aber wenn ich sie verlasse, werden sie fasten und um mich trauern." Vielleicht wäre „sich nach mir sehnen" der bessere Ausdruck für „trauern". „Wenn ich weg bin, werden sie *sich* nach meiner Gegenwart *sehnen*. Sie werden *fasten,* damit ich bald wiederkomme." *Trauern* oder *sich sehnen* ist in diesem Zusammenhang ein Synonym für das Wort *fasten*.

Warum sonst hat Jesus dies gesagt? Weil sie, wenn er sie verlassen würde, Jesus nicht mehr nach dem Fleisch, sondern nach dem Geist erkennen müssten. Sie würden einen neuen Weinschlauch brauchen, in den der neue Wein des Geistes gegossen werden könnte. Jesus sagte, sie würden durch Fasten die Gegenwart Jesu im Geist noch stärker erleben als in der Zeit, in der er mit ihnen im Fleisch lebte. Der alte Weinschlauch, dass sie Jesus im Fleisch kannten und sich an seiner menschlichen Gegenwart erfreuten, sollte durch einen neuen Weinschlauch ersetzt werden, in dem sie Jesus in der Person des Heiligen Geistes kennenlernten. Dieses Kennen würde sich durch Fasten verstärken. Brüder und Schwestern, wir leben in der Zeit der neuen Weinschläuche, in der Zeit des Bräutigam-Fastens.

Fasten bringt dich in die Nähe der „zentralen Herrlichkeit". Charles Spurgeon, der große Prediger aus England, hat einmal gesagt: „Unsere Tage des gemeinsamen Fastens waren in der Tat wie Festtage. Nie waren wir näher an der zentralen Herrlichkeit." Das ist es, was Fasten bedeutet. Die fleischlichen Begierden, die im Feuer des Fastens gekreuzigt werden, werden der Herrschaft des Geistes unterworfen, und durch das Fasten labt sich die Seele an den überragenden Genüssen des Himmels. Unsere Herzens werden zur zentralen Herrlichkeit hochgezogen. Obwohl wir jetzt schon durch das Blut Christi direkt in die Gegenwart Gottes treten können, ist das Fasten der göttliche Türöffner für tiefere Erfahrungen der Begegnung mit Jesus. Wir können Jesus so nahekommen wie seine Jünger – ja, sogar noch näher, denn Jesus sagte in Johannes 16,7 (JdM): *„Aber ich sage euch die Wahrheit: Es ist gut für euch, dass ich weggehe. Denn wenn ich nicht weggehe, kommt der Helfer nicht zu euch. Wenn ich aber gehe, will ich ihn zu euch senden."* Ist das nicht schön?

Jeder denkt, Johannes der Täufer sei der am intensivsten fastende Mann gewesen, und das war er auch! In Matthäus 3,4 heißt es, dass er sich hauptsächlich von Heuschrecken und Honig ernährte. Im Vergleich zu seinem Fasten mit Heuschrecken und Honig ist unser Daniel-Fasten wie ein Festmahl. Aber es heißt auch, dass er oft fastete. Er unterbrach seine Heuschrecken- und Honigmahlzeiten, um nichts zu essen. Johannes der Täufer hat im Grunde sein ganzes Leben lang gefastet. Er war ein fastender Prophet, der den Weg für den Herrn bereitete. Er war der Freund des Bräutigams.

Doch eines Tages hatte ich den Eindruck, dass der Herr zu mir sagte: „Das Bräutigam-Fasten der endzeitlichen Gemeinde wird noch intensiver werden als das Fasten von Johannes dem Täufer. Die Gemeinde wird sich sogar mehr nach seiner Gegenwart sehnen als Johannes, weil *sie die Braut ist*; sie wird von der Liebe des Bräutigams mehr hingerissen sein als die Freunde des Bräutigams."

Jesus sagte im Prinzip: „Wenn ich, der Bräutigam, von euch weggenommen werde, dann wird meine Braut fasten." Je näher wir der Erweckung und der Wiederkunft Jesu kommen, desto intensiver wird das Fasten sein. Die Braut wird durch das Fasten die Erfüllung der endzeitlichen Berufung herbeiführen, in der es heißt, dass sie ohne Flecken und Runzeln sein wird. Sie wird die Erfahrung machen, dass sie vollkommen geliebt ist. Sie wird beim Hochzeitsmahl des Lammes dabei sein (s. Eph 5,27). Ich glaube, dass es beim Hochzeitsmahl des Lammes nicht darum gehen wird, alle möglichen köstlichen Speisen auf dem Tisch zu haben. Ich glaube, dass wir dort essen werden, aber wir müssen es nicht, weil wir das Brot vom Himmel haben werden. Wir werden uns an der Gegenwart des Herrn laben, und das Fasten in dieser Zeit wird die Vorspeise sein.

Eintritt in Gottes Gegenwart

Wenn du gerade die ersten Erfahrungen mit dem Fasten sammelst, solltest du wissen, dass das Fasten ein von Gott geschenkter Zugang zur ständigen Gegenwart Gottes ist und die Weinschläuche deines Herzens weich hält. Deshalb wird die Braut ohne Flecken und Runzeln sein, weil sie die Gegenwart Gottes ganz nah erleben wird.

Als ich das erste Mal fastete, entfachte es ein Feuer in mir, das ich vorher nicht kannte. Es war ein Ruf von Gott. Es war wirklich ein Aufruf zum Fasten für mehr Feuer, für ein brennendes Verlangen. Inneres Feuer entsteht durch Fasten. Jesus sagte über Johannes, den fastenden Mann: *„Er war die Lampe, die brannte und leuchtete“* (Joh 5,35 JdM). Ach, würde Jesus doch einmal in den Gedenkstein dieser Generation eingravieren: „Sie waren eine brennende und leuchtende Lampe!“

In meinen Zwanzigern brach ich das theologische Seminar ab, weil ich mich nach Apostelgeschichte 2 sehnte und das dort nicht finden konnte. Drei von uns haben sich geschworen, koste es, was es wolle, nach Apostelgeschichte 2 zu trachten. Zu dieser Zeit war die Jesus-Bewegung in vollem Gange. Wegen meines Gelübdes zog ich nach Maryland, weil dort eine Bewegung Gottes im Gange war. Zweitausend junge

Leute kamen jeden Dienstag zusammen, um den Herrn zu suchen. Blinde wurden geheilt, und vor unseren Augen geschahen Wunder; es war wie eine Rückkehr zur ersten Liebe.

Als ich nach Maryland zog, mähte ich zunächst fünf Jahre lang Rasen. Das war mein theologisches Seminar. Ich betete in Zungen hinter dem 1,30 Meter breiten Rasenmäher, und niemand konnte mich hören. Das war meine Schule des Gebets. Dann erzählte mir jemand vom Fasten. Ich werde nie vergessen, was mit mir geschah, als ich zum ersten Mal mit dem Fasten begann. Ich war am dritten Fastentag und spürte beim Rasenmähen tatsächlich die Gegenwart Gottes sehr konkret. Ich hatte das Gefühl, Engel seien um mich herum. Ich spürte das intime Feuer des Heiligen Geistes. Ich war sehr glücklich. Ich wurde so lebendig in Gott. Einmal war ich von der Offenbarung, wer ich in Christus war, so eingenommen, dass ich zu verkünden begann: „Nicht ich mähe den Rasen, sondern Christus in mir mäht den Rasen." Ich lebte in einer wunderschönen Welt.

Von diesem Zeitpunkt an verliebte ich mich durch das Fasten in Jesus. Damals war mir noch nicht klar, dass diese erste Erfahrung der Einstieg in die Berufung meines Lebens war. Seit vierzig Jahren widme ich mich nun schon dem Fasten und der Mobilisierung von Fasten und Gebet, damit Menschen ihre erste Liebe erneuern.

Später las ich ein Buch von Derek Prince mit dem Titel *Shaping History Through Prayer and Fasting* („Durch Gebet und Fasten die Geschichte prägen"), in dem es darum ging, wie die Zukunft von Nationen, Familien und Menschen durch Fasten geprägt wird. Von da an begann ich mit längeren Fastenzeiten und habe seitdem nicht mehr damit aufgehört. Damals ahnte ich noch nicht, dass Gott mir später erlauben würde, die ganze Welt zum Fasten und Beten aufzurufen, sogar zum vierzigtägigen Fasten.

Ich glaube, dass es ein gewisses Maß an Gnade in meinem Leben gibt, wenn ich faste. Um ganz ehrlich zu sein, hasse ich das Fasten eigentlich, weil ich Essen liebe. Die Leute denken, ich sei ein toller „Faster“. Aber ich bin erbärmlich darin, es sei denn, der Heilige Geist motiviert mich innerlich. Ohne diese Motivation breche ich mein Fasten schon mit dem Frühstück. Aber wenn diese Motivation kommt, begeistert sie mich, weil ich weiß, dass sich etwas ändern wird.

Fasten ist ein Wendepunkt, um in eine neue Dimension der Liebe zu Gott vorzudringen und mit ihm Geschichte zu schreiben. Auch wenn ich das Fasten nicht mag, liebe ich es gleichzeitig. Ich habe eine Hassliebe zum Fasten, weil ich mich beim Fasten tatsächlich an Gott labe. Das ist es, was wirklich passiert. Ich verweigere mir die legitimen Essensgenüsse für die höchsten Genüsse: Gott zu kennen und ihm zu begegnen. Das Fasten in seiner Gnade hat buchstäblich immer das Feuer in meinem Herzen wieder entfacht.

Wenn du zum ersten Feuer deines Lebens zurückkehren willst, musst du tun, was Gott in Joel 2,12 sagt:

> *Doch auch jetzt, spricht der HERR, kehrt um zu mir mit eurem ganzen Herzen und mit Fasten und mit Weinen und mit Klagen!*

Wann immer ich zum Herrn zurückkehren muss, damit mein Herz wieder weich wird, kehre ich zum Fasten zurück.

Wenn du die erste Liebe zurückgewinnen willst, lerne, für mehr Feuer zu fasten.

Kapitel 7

Das Fasten, das Gott gefällt

von Randy Clark

Ich begann meine Fastenreise 1971, als ich mehrere ein- bis dreitägige Fastenzeiten einlegte, weil ich vor Erweckungsversammlungen um mehr Salbung in meinen Predigten beten wollte. Ich bemerkte, dass bei den so vorbereiteten Veranstaltungen viel mehr Menschen gerettet wurden und dass die Salbung in meinem Leben zunahm. In den folgenden Jahren wuchs ich weiter im Fasten und erlebte, dass Gott auf einzigartige Weise wirkte. Im Sommer 1984 begann ich ein zwanzigtägiges Fasten, um Richtungsweisung zu erhalten, ob ich die Denomination der Baptisten verlassen sollte. Nachdem ich mein Fasten beendet hatte, wurde gleich am nächsten Tag ein Antrag gestellt, mich aus meiner Rolle als Pastor in dieser Denomination zu entlassen, worüber ich Frieden hatte, weil Gott mich während des Fastens darauf vorbereitet hatte.

1985 wagte ich dann mein erstes vierzigtägiges Fasten mit dem Ziel, für eine größere Heilungssalbung zu beten. Innerhalb weniger Stunden nach Beendigung des Fastens betete ich für mehrere Menschen und merkte, dass eine neue Salbung freigesetzt wurde, die in anderen den Dienst des Heilens freisetzte. Ich habe auch schon öfter gefastet, um in meiner Beziehung zu Gott zu wachsen. Einmal, im Jahr 1993, war ich so hungrig nach mehr von Gott, dass ich nichts essen wollte, bis ich eine Berührung von ihm erlebt hatte. Nachdem ich vierzehn Tage gefastet hatte, machte ich eine Erfahrung, die mein Leben prägte.

Bevor ich zum ersten Mal nach Toronto fuhr, fastete ich, um mich vorzubereiten und um dafür zu beten, eine stärkere Salbung zu erhalten. Gott begegnete mir auf mächtige Weise. Seitdem habe ich gefastet, um mehr Heilungen, Wunder, Errettungen, Weisheit und Offenbarung zu erleben. Das Fasten ist ein wichtiger Teil meines Weges mit Gott und meines Dienstes.

Die Gabe des Fastens ist nicht nur für mich, sondern steht uns allen frei zur Verfügung, um noch mehr von dem zu bekommen, was Gott für uns vorbereitet hat. Wenn Gott sich darauf vorbereitet, seine Gemeinde mit Erweckung „heimzusuchen", führt er sie zu Gebet und Fasten. Aber das tut er nicht nur auf nationaler Ebene, sondern auch in den Ortsgemeinden, in den Familien und im Leben Einzelner.

Im Alten Testament kam das Fasten am häufigsten in Krisenzeiten vor und war oft mit Zeiten der Buße und der Suche nach Gott verbunden. Im Neuen Testament sprach Jesus darüber, „wenn" wir fasten, nicht, „falls" wir fasten. In der Apostelgeschichte wird das Fasten als ein Akt der Suche nach Gottes Gegenwart gesehen, z. B. um Richtungsweisung zu erhalten oder damit Missionare und Älteste für ihre Arbeit gesalbt wurden, bevor sie ausgesandt bzw. eingesetzt wurden. Es hat auch viel damit zu tun, dass wir uns vor Gott demütigen und in Zeiten der Schwäche, der Orientierungslosigkeit, des natürlichen und geistlichen Kampfes und des Wunsches nach geistlichem Durchbruch oder Erweckung Gott um Hilfe ersuchen.

Gott führt uns in Wüsten, um ihn zu suchen, und bringt uns dann voll des Geistes aus unseren Wüsten heraus. Jesus dient uns dabei als Vorbild. Jesus, Mose und Elia haben vierzig Tage lang gefastet, und einige berühmte Menschen in der Kirchengeschichte sind ihrem Beispiel gefolgt. Ich glaube, dass solche ausgedehnten Fastenzeiten vom Herrn geleitet werden müssen, damit wir die Gnade für das Fasten haben und es vierzig Tage lang durchhalten können. Die Bibel offenbart Fastenzeiten von unterschiedlicher Dauer, und wir müssen sensibel dafür sein, um selbst zu hören, was Gott von uns möchte und wann wir fasten sollen.

Fasten mit der falschen Einstellung oder ohne Demut, ohne nach Recht und Gerechtigkeit zu streben, wird im Alten Testament in einem negativen Licht gesehen. Fasten, um gesehen zu werden, wie es die heuchlerischen Pharisäer und Sadduzäer taten, wurde von Jesus ebenfalls negativ bewertet. Fasten aus gesetzlichen Motiven, um Gottes Gunst durch unsere Arbeit zu erlangen, würde dem Geist des Paulusbriefs an die Galater widersprechen.

Mir liegt am Herzen, dass eine neue Generation von Christen, Laien und Verantwortlichen das stille Kämmerlein von Gebet und Fasten entdeckt. Wir müssen erkennen, dass wir durch Fasten keine „Pluspunkte“ sammeln oder uns eine „besondere Gunst“ verschaffen. Es führt auch nicht dazu, dass Gott uns für unser Opfer etwas schuldig wäre. Wir sollten fasten, um unseren Wunsch Ausdruck zu verleihen, Gott besser kennenzulernen und unseren Lebensstil zu ändern, um uns auf seine Gegenwart konzentrieren zu können. Während einer Fastenzeit können wir darauf vertrauen, dass allein das Werk Christi uns befähigt, in Zeiten der Not mutig zum Thron der Gnade zu kommen.

Fasten ist ein Zeichen dafür, dass wir nicht in der Lage sind, den notwendigen Wandel in unserer Gesellschaft ohne Gottes Gnade herbeizuführen. Es ist eine Botschaft von unserem irdischen Leben an den himmlischen Thron: Wenn wir uns vor ihm demütigen, kann nur er das Wachstum in unserem Leben bewirken. Lasst uns im Gebet und Fasten demütig sein, damit er sich zu gegebener Zeit durch uns erhöhen kann.

Ich bete, dass du Gott für einen geistlichen Durchbruch für dich, deine Gemeinde, deine Familie und unser Land vertraust. Möge Gott uns in seiner souveränen Gnade durch seinen Geist dazu bewegen, uns zu demütigen, sein Angesicht zu suchen und uns von unseren bösen Wegen abzuwenden, damit er vom Himmel her hört, unsere Sünden vergibt und unser

Land heilt (s. 2. Chr 7,14). Möge die Welt erkennen, dass unsere Treue zu unserem König Jesus und seinem Reich und seiner Gemeinde über allen anderen Loyalitäten, Parteien und Ethnien steht. Möge eine Erweckung wie in den vergangenen Generationen ein Bewusstsein für die Dringlichkeit sozialer Gerechtigkeit schaffen. Und möge unser Fasten immer das Verständnis des Fastens von Jesaja beinhalten:

> *Ist nicht (vielmehr) das ein Fasten, an dem ich Gefallen habe: Ungerechte Fesseln zu lösen, die Knoten des Joches zu öffnen, gewalttätig Behandelte als Freie zu entlassen und dass ihr jedes Joch zerbrecht? (Besteht es) nicht (darin), dein Brot dem Hungrigen zu brechen und dass du heimatlose Elende ins Haus führst? Wenn du einen Nackten siehst, dass du ihn bedeckst und dass du dich deinem Nächsten nicht entziehst?*
> *Dann wird dein Licht hervorbrechen wie die Morgenröte, und deine Heilung wird schnell sprossen. Deine Gerechtigkeit wird vor dir herziehen, die Herrlichkeit des HERRN wird deine Nachhut sein. Dann wirst du rufen, und der HERR wird antworten. Du wirst um Hilfe schreien, und er wird sagen: Hier bin ich!*
> *Wenn du aus deiner Mitte fortschaffst das Joch, das Fingerausstrecken und böses Reden und (wenn du) dem Hungrigen dein Brot darreichst und die gebeugte Seele sättigst, dann wird dein Licht aufgehen in der Finsternis, und dein Dunkel wird sein wie der Mittag.*
> *Und beständig wird der HERR dich leiten, und er wird deine Seele sättigen an Orten der Dürre und deine Gebeine stärken. Dann wirst du sein wie ein bewässerter Garten und wie ein Wasserquell, dessen Wasser nicht versiegt. Und die von dir (kommen), werden die uralten Trümmerstätten aufbauen; die Grundmauern vergangener Generationen wirst du aufrichten. Und du wirst genannt werden: Vermaurer von Breschen, Wiederhersteller von Straßen zum Wohnen* (Jes 58,6-12).

Kapitel 8

Gehorchen ist besser als Opfer

Gehorchen ist besser als Opfer
Ich will Herzen aus Feuer,
nicht deine Gebete aus Eis.

Keith Green

Kürzlich las ich die Geschichte in 1. Samuel 15, als König Saul aus dem Wunsch heraus, Gott anzubeten, ihm letztlich ungehorsam war. Mitten im Krieg, in dem Gott ihm befohlen hatte, seine Feinde einschließlich aller Tiere zu vernichten, beschloss Saul, die besten Schafe und Rinder zu verschonen, um sie Gott als Opfer darzubringen. Obwohl Sauls Motivation darin bestand, Gott ein Opfer zu bringen, war es in diesem Fall Ungehorsam gegenüber seinem Befehl.

Gott wurde wegen dessen Ungehorsam zornig auf Saul und schickte den Propheten Samuel, um ihn zurechtzuweisen. Samuel war untröstlich über das, was der König getan hatte, und schrie zu Gott, als er hörte, was geschehen war. Saul hatte einen Bund mit Gott gebrochen, indem er sein eigenes Ding auf seine eigene Weise machte und sogar Ausreden erfand. Mit dem Herzen Gottes trat Samuel Saul entgegen und konfrontierte ihn.

Samuel aber sprach: Hat der HERR (so viel) Lust an Brandopfern und Schlachtopfern wie daran, dass man der

> *Stimme des HERRN gehorcht? Siehe, Gehorchen ist besser als Schlachtopfer, Aufmerken besser als das Fett der Widder. Denn Widerspenstigkeit ist eine Sünde (wie) Wahrsagerei, und Widerstreben ist wie Abgötterei und Götzendienst. Weil du das Wort des HERRN verworfen hast, so hat er dich auch verworfen, dass du nicht mehr König sein sollst* (1 Sam 15,22-23).

Auch wenn Saul gute Absichten hatte, Gott ein Anbetungsopfer darzubringen, war er ihm nicht vollständig gehorsam. Gott hätte lieber Sauls völligen Gehorsam als sein Opfer gehabt. Sauls Entscheidung kostete ihn einen Preis.

Ich frage mich, wie oft ich mich wie Saul dafür entschieden habe, Gott ein Opfer zu bringen, anstatt ihm vollständig zu gehorchen. Ich meine, ich kann den ganzen Tag auf das Essen verzichten, aber wenn ich in den Zeiten des Fastens nicht auf die Führung des Heiligen Geistes eingehe, habe ich nicht kapiert, um was es geht. Und ich kann dir sagen, dass ich es mehr als einmal in meinen Fastentagen vermasselt habe. Mein Herz trauert über meine Besessenheit, heilig sein zu wollen, und meine Versuche, Gott mit meinen Opfern für ihn gefallen zu wollen, wenn es auf Kosten des Gehorsams gegenüber seiner leisen Stimme geht, denjenigen zu lieben, der gerade vor mir steht.

Mehr noch als unsere Opfer möchte Gott, dass unsere Herzen ihm völlig ergeben sind.[1] Ihm liegt viel mehr daran, dass unsere Herzen ihm hingegeben sind, als dass wir religiöse Praktiken erfüllen.[2] David sagte in Psalm 51,16-17:

> *Denn die Quelle deiner Freude liegt nicht in meiner Leistung oder den Opfern, die ich dir bringen könnte. Die Quelle deiner Freude liegt darin, dass ich dir mein zerbrochenes Herz als Opfer bringe* (TPT).

---

[1] In Markus 12,33 sehen wir, dass die Liebe wichtiger ist als „alle Brandopfer und Schlachtopfer". Und in 1. Johannes 5,3 sehen wir, dass diejenigen, die Gott lieben, seinen Geboten gehorchen.

[2] Siehe Jesaja 1,11-20; 58,3-5; Jeremia 7,21-23; Hosea 6,6.

Das Opfer des Fastens dient dem Zweck, dass wir unser Herz ganz ihm hingeben können. Wenn unser Fasten uns nicht dazu bringt, ein weicheres Herz zu bekommen, schneller auf die Führung des Heiligen Geistes einzugehen, mitfühlend zu sein, die Verlorenen zu lieben und die Armen und Bedürftigen zu unterstützen, dann liegen wir daneben.

Herzen des Feuers

Es gibt ein Lied von Keith Green, einem meiner prophetischen Lieblingssänger, mit dem Titel „To Obey Is Better Than Sacrifice". Es geht so:

Gehorchen ist besser als Opfer.
Ich brauche dein Geld nicht,
ich will dein Leben.
Und ich höre dich sagen, dass ich bald zurückkomme,
aber du tust so, als würde ich niemals wiederkommen ...
Gehorchen ist besser als Opfer.
Ich will mehr als Sonntage und Mittwochabende ...
Gehorchen ist besser als Opfer.
Ich will Herzen aus Feuer,
nicht deine Gebete aus Eis.

Obwohl dieses Lied bereits 1978 veröffentlicht wurde, ermutigt und fordert es mich auch heute noch heraus. Gott will „Herzen aus Feuer" – lebendige, schlagende, fleischerne Herzen – und keine „Gebete aus Eis", die von unseren eigenen Plänen, Verletzungen, Ängsten, von Bitterkeit und Untätigkeit durchsetzt sind. Unser Opfer in Form von Fasten und Hingabe an Gott muss sich darin zeigen, dass wir ein feuriges Herz haben.

Obsession

Als ich im Laufe der Jahre den Weg des Fastens weitergegangen bin, wurde mir klar, dass ich mich in vielen Fällen, in denen ich dem Herrn „Opfer brachte", auch abkapselte und von der Welt absonderte. Ich hatte mich zu sehr daran gewöhnt, die Vertrautheit mit Gott im Verborgenen zu pflegen, aber ich hatte große Angst, ihn in der Öffentlichkeit durch mich scheinen zu lassen. Ich war gefühllos geworden und musste Buße tun, weil ich einen dualistischen Lebensstil führte.

Eines Morgens, als ich an meinem „verborgenen Ort" Zeit mit dem Herrn verbrachte, wahrscheinlich während einer Fastenzeit, rührte Gott mein Herz an. Ich begann, dem Lied „Obsession" der Band Delirious einen neuen Text hinzuzufügen. Nachdem ich den Refrain gesungen hatte, kam mir folgender Text in den Sinn:

Und mein Herz brennt für dich –
nicht nur am Ort der Verborgenheit,
sondern auch in der Öffentlichkeit.
Lass mein Herz sich nach dir sehnen,
lass mein Leben für dich brennen.
Heute.

In mir erwachte das Verlangen, nicht nur im Verborgenen zu sein, sondern mein Licht *auch* in der Öffentlichkeit leuchten zu lassen. Ich war sehr gut in den geistlichen Disziplinen, im Fasten und in der Zeit, die ich mit Gott verbrachte, geworden, habe aber seine Liebe der Welt vorenthalten.

In Matthäus 10,8 heißt es: „Umsonst habt ihr empfangen, umsonst gebt." Wir alle haben von Gott umsonst empfangen, damit wir von diesem Zustand des Überflusses umsonst geben können. Was er im Verborgenen in unser Leben hineingießt, ist nicht nur für uns selbst da oder damit wir uns gut fühlen. Es sollte sich auf die Menschen um uns herum auswirken und sein Reich der Liebe und Kraft freisetzen, wo immer wir hingehen.

Auf meinem geistlichen Weg mit dem Herrn merke ich immer mehr, dass es nichts wert ist, wenn ich mein ganzes Leben lang faste, aber keine Liebe aus diesem Opfer fließt.

Liebe

Der Apostel Paulus sagte einmal:

> *Wenn ich in den Sprachen der Menschen spreche und auch der Engel, habe aber keine Liebe, bin ich ein tönendes Metall oder ein kreischendes Becken geworden.*
> *Wenn ich Prophetie habe und alle Geheimnisse weiß und alle Erkenntnis und wenn ich allen Glauben habe, um Berge zu versetzen, habe aber keine Liebe, bin ich nichts.*
> *Und wenn ich meinen ganzen Besitz als Spende verteilen will und wenn ich meinen Leib preisgeben will, damit ich brennen soll, habe aber keine Liebe, werde ich nichts nützen* (1 Kor 13,1-3 JdM).

Wenn wir in unserem wachsenden Hunger fasten, um Gott besser kennenzulernen, muss Liebe die Frucht sein. Die Frucht des Fastens für mehr Feuer mit den richtigen Motiven wird ein reines und zerknirschtes Herz sein, das andere wirklich liebt, und kein selbstgerechter Elitismus, der sich aufgrund seiner religiösen Opfer über andere erhebt. Unser Fasten, unsere Anbetung und unsere Hingabe an Gott müssen mehr sein als nur eine geistliche Übung. Diese Dinge müssen immer zu praktischem Gehorsam und einer größeren, feurigen Liebe zu denen führen, die Jesus liebt.

Die Kosten (von Heidi Baker)

Ich erinnere mich, dass ich einmal in Singapur bei einer Veranstaltung in einem Stadion war, als der Herr mich zum Fasten und Beten aufrief. Bei diesem Event sagte mir der Veranstalter, dass ich zu einem großen Bankett eingeladen war. Die Singapurer wissen, wie man sich labt und unglaubliche Bankette gibt, also wusste ich, dass es extravagant werden würde. Aber dann sprach der Herr sehr deutlich zu mir. Er sagte: „Ich bitte dich, mit mir zu gehen. Ich bitte dich, zu fasten und zu beten und mit mir wegzugehen."

Ich sagte meinem Gastgeber: „Es tut mir sehr leid. Ich kann nicht zum Fest, zum Bankett kommen. Ich muss mit dem Herrn allein sein."

Als ich in dieser Zeit allein in meinem Hotel den Herrn anbetete, erfüllte Gott mein Zimmer mit seiner mächtigen Gegenwart. Dann hatte ich plötzlich den Eindruck, ich solle einen Blick auf den Zeitplan werfen. Als ich diese sehr schöne Broschüre für eine gut organisierte Stadionveranstaltung aufschlug, sah ich, dass das Bankett, das genau in diesem Moment stattfinden sollte, *mich* ehren sollte. Kannst du dir das vorstellen? Es wurde zu *meiner* Ehre mit leitenden Pastoren aus ganz Asien vorbereitet und war in dieser schönen Broschüre für alle sichtbar abgedruckt. Irgendwie hatte ich dieses Detail vorher übersehen.

In diesem Moment hörte ich den Herrn zu mir sagen: „Hättest du deine Meinung geändert, wenn du es gewusst hättest? Hättest du mir nicht gehorcht, wenn du das vorher gewusst hättest?"

Ich sagte: „Herr, es tut mir so leid." Und ich erinnere mich, dass ich einfach zusammenbrach und auf dem Boden weinte.

Als ich an diesem Abend aufstand, um das Evangelium zu verkünden, sagte ich den Leuten, dass es nicht meine Absicht war, jemanden von ihnen zu beleidigen. Im Natürlichen wäre es wie ein Schlag ins Gesicht, wenn ich nicht zu einem großen Bankett erschienen wäre, zu dem Leiter aus ganz Asien eingeladen waren, um mich zu ehren. Das ist einfach unfassbar. Es ist nicht so, als würde man nicht zu einer Dinnerparty mit Freunden erscheinen; das ist eine ganz andere Ebene. Ich habe um sie geweint.

Als ich ihnen erzählte, dass der Herr mich gebeten hatte, in dieser Zeit mit ihm allein zu sein, sagte der Herr zu mir: „Ich möchte, dass du einen Tee für sie veranstaltest." Er meinte damit einen richtigen Tee, einen Singapur-Tee, der sehr üppig ist. Und das sollte ich von meinem Hotel aus veranstalten.

Dann sagte ich zum ganzen Stadion: „Ich möchte euch alle ehren. Ich möchte alle Hauptleiter und Pastoren morgen

Nachmittag um vier zum Tee einladen. Ich weiß nicht, wie das gehen soll, aber ich lade euch ein." Daran erinnere ich mich, weil es sehr teuer wurde. Natürlich hatte ich nicht das Geld für so etwas. Ich musste meinen Gastgeber bitten, mir bei der Organisation zu helfen, aber ich sagte ihm, dass ich die Kosten übernehmen würde.

Sie versuchten, mich zu überreden, sie dafür bezahlen zu lassen, aber ich bestand darauf, es selbst zu bezahlen. Ich war ja diejenige gewesen, die das Bankett versäumt hatte – obwohl sie es zu meiner Ehre vorbereitet hatten –, weil ich mit dem Herrn zusammen war.

Dann hatten wir den Tee, und es war sehr schön, kostete aber auch eine Menge Geld. Kurz vor bzw. während des Tees reichte mir jemand einen Umschlag. Er sagte: „Der Herr hat es mir aufs Herz gelegt, dir diese Spende zu geben." Wenn ich mich nicht irre, waren es etwa 2.300 Dollar – genau der Preis für den Tee! Ich war völlig aus dem Häuschen, völlig überwältigt vom Herrn. Ich weiß noch, dass ich weinte und den Herrn sagen hörte: „Danke, dass du mir gehorcht hast."

Kannst du dir vorstellen, was für eine Lektion das für die Pastoren war, als sie sahen, wie sich das vor ihren Augen entwickelte? Für mich war das ein lebensveränderndes Ereignis.

Zu gehorchen ist besser als Opfer. Gott ist so würdig. Er ist derjenige, der das Sagen hat. Er ist derjenige, den ich liebe. Er ist derjenige, dem ich diene. Und er ist derjenige, dem ich einfach zu Füßen liegen und mich ihm hingeben möchte. Was auch immer ihm Freude bereitet, das ist es, was ich mit meinem kleinen Leben will. Ich spüre, dass Gott mich dazu berufen hat, eine Liebhaberin zu sein, die ihr Leben für ihn hingegeben hat, und jeden Preis zu zahlen.

Gehorsam

Wenn wir dem Herrn Opfer darbringen, aber nicht auf seine Stimme hören, sind wir religiöse Roboter, die eher aus Ritualen als aus einer Beziehung heraus leben. Wenn wir uns jedoch selbst absondern, indem wir – als Akt der Hingabe an Gott – fasten und im Gehorsam leben, entsteht eine radikale Synergie und eine Dynamik, die die Welt in Brand setzen kann.

Kapitel 9

Praktische Tipps

Gott möchte dich mit der unermesslichen Kraft göttlicher Worte und Gnade durchströmen, bis dein ganzer Körper eine Feuerflamme ist.
Gott will, dass jeder Mensch durch Pfingsten lebendig und energiegeladen ist. Nicht ein Denkmal, sondern eine Bewegung.
Schon sehr viele Menschen wurden mit dem Heiligen Geist getauft; sie haben etwas erlebt, sind aber zu Denkmälern geworden und man kann sie nicht mehr bewegen.
Gott wecke uns aus dem Schlaf auf, damit wir nicht gleichgültig werden gegenüber der herrlichen Wahrheit und dem Atem der allmächtigen Kraft Gottes.[1]

Smith Wigglesworth

Lass dich vom Geist leiten

Wenn wir uns nun mit einigen praktischen Tipps zum Fasten beschäftigen, möchte ich dich daran erinnern, dass du dich bei jedem Schritt im Glauben vom Geist leiten lassen solltest.

---

[1] Smith Wigglesworth, „The Substance of Things Hoped For", *The Pentecostal Evangel*, 25. Oktober 1924, in *Smith Wigglesworth: The Complete Collection of His Life Teachings*, zusammengestellt von Roberts Liardon (New Kensington, PA: Whitaker House, 1996), 464-465.

Es gibt Zeiten zum Fasten und es gibt auch Zeiten zum Genießen. Wir haben bereits gelernt, dass die Zeit, in der Jesus mit seinen Jüngern zusammen war, eine Zeit des Genießens war, doch er sagte ihnen: *„Es werden aber Tage kommen, an denen ihnen der Bräutigam weggenommen sein wird. Dann werden sie fasten, zu jener Zeit"* (Mk 2,18-20 JdM). Es ist wichtig, sich immer vom Geist leiten zu lassen und zu wissen, in welcher Zeit man sich befindet.

Wenn du gesundheitliche Probleme hast, solltest du vor dem Fasten zuerst einen Arzt aufsuchen. Wenn du schwanger bist, solltest du nicht Essen fasten, sondern stattdessen die sozialen Medien oder etwas Ähnliches fasten. Diejenigen, die trotzdem fasten wollen, es aber aus gesundheitlichen Gründen oder wegen ihres Gewichts nicht können, sollten den Heiligen Geist fragen, wie sie sich in einem alternativen Fasten, wie den oben genannten, leiten lassen können.

Klein anfangen

Wenn du mit dem Fasten beginnst, solltest du klein anfangen und deine Erfolge feiern. Wenn du noch nie gefastet hast, schlage ich vor, mit einem kleineren Fasten zu beginnen und an einem Tag zwei Mahlzeiten auszulassen und viel Wasser zu trinken. Wenn dir das zu schwerfällt, versuche es mit Saft oder einer dickeren Flüssigkeit. Bei längerem Fasten ist es ratsam, kurz vorher Obst zu essen.

Denke daran, dass Fasten nicht nur Verzicht auf Nahrung bedeutet, sondern auch, deine Seele mit etwas Besserem zu füllen: mit der Fülle des Heiligen Geistes. Verbringe die Zeit, die du normalerweise mit Essen verbracht hättest, stattdessen mit Anbetung, Stille, Gebet, dem Nachsinnen über Gott, dem Lesen des Wortes Gottes, dem Gebet mit einem Freund oder dem Warten auf Gott. Wenn du die Möglichkeit hast, geh an einen abgesonderten Ort, an dem du gut mit Gott in Verbindung kommst; für mich ist das in der Natur. Wenn du während deines normalen Tages Hunger bekommst, wende deine Aufmerksamkeit und Zuneigung Gott zu.

Unbequem

Ich finde, dass der erste und der zweite Tag am schwierigsten sind, egal wie lang das Fasten dauert. Das ist die Zeit, in der dein Körper sich entgiftet. Wenn du den dritten Tag überstanden hast, wird es normalerweise viel leichter. Bei längeren Fastenzeiten merke ich, dass meine Energie abnimmt und mir kalt wird. Ich merke auch, dass ich müde bin und ab und zu ein Nickerchen machen muss. Ich neige auch dazu, früh oder manchmal mitten in der Nacht aufzuwachen.

Eine weitere Sache, die du bedenken solltest, ist, dass es oft schwierig ist, beim Fasten in Gesellschaft zu sein, da sich die meisten Veranstaltungen ums Essen drehen. An diesen Veranstaltungen kann man trotzdem teilnehmen, aber bei gemeinsamen Mahlzeiten kann es manchmal unangenehm werden, wenn man der Einzige ist, der nicht isst. Ich merke, dass ich während des Fastens etwas introvertierter bin als sonst, aber das ist okay.

Richard Foster sagt: „Mehr als irgendeine andere geistliche Übung offenbart das Fasten, was uns im Innersten beherrscht."[2] Achte während des Fastens auf das, was in dir hochkommt, und nimm dir Zeit, es aufzuschreiben und zu verarbeiten. Bist du leicht reizbar, fühlst du dich unkontrolliert oder erlebst du einen anderen extremen Stimmungsumschwung? Welchen Dingen läufst du nach, anstatt zu essen? Welche Themen tauchen in deinem Herzen auf? Welche Beziehungen kommen an die Oberfläche, und fordert Gott dich auf, auf eine bestimmte Weise zu reagieren? Gibt es jemanden, dem du vergeben oder mit dem du dich versöhnen

---

[2] Richard Foster, *Nachfolge feiern,* Oncken Verlag, Wuppertal und Kassel, 1986, S. 54.

musst? Gibt es jemanden, dem du die Hand reichen oder mit dem du dich stärker verbinden solltest?

Frag den Heiligen Geist, was in diesen Zeiten wirklich vor sich geht und was er in dir hervorbringen möchte, damit es geheilt wird. Bitte Gott, dass er den Problemen, die auftauchen, auf den Grund geht. Ich ermutige dich, Gott zu bestürmen, anzubeten, zu ihm zu beten, zu schreien, zu tanzen, zu rennen, Fürbitte zu leisten, zu ringen oder was auch immer du für nötig hältst, um dich für Gott zu öffnen, wenn der Hunger groß wird.

Es gab Zeiten, in denen ich tagelang nichts gegessen habe und gleichzeitig Gott aus dem Weg gegangen bin, indem ich mich beschäftigt hielt. Ich füllte meinen Terminkalender, um den Hunger zu überdecken, anstatt mich in diesen Zeiten an Gott zu wenden. Ich habe goldene Gelegenheiten verpasst, tiefere Gemeinschaft mit dem König der Könige zu erleben. Es gab aber auch Zeiten, in denen ich mich entschieden habe, während des Fastens Gottes Gegenwart zu genießen, und er überraschte mich mit tiefen Begegnungen in seiner Gegenwart. Lieder wurden geboren, die Heilige Schrift wurde in einer neuen Tiefe offenbart und Heilung trat ein, als ich mich zu seinen Füßen niederließ, anstatt zu versuchen, beschäftigt zu bleiben, um mich vom Hunger abzulenken. Fasten bedeutet nicht nur, auf Essen zu verzichten, sondern dazu gehört auch, sich an Gott zu laben. Das Fasten ist am effektivsten, wenn es eng mit der Gemeinschaft mit Gott verwoben ist.

Manchmal erlebe ich während des Fastens eine stärkere Verbindung zum Heiligen Geist, habe mehr prophetische Träume und klare Offenbarungen, aber oft fühle ich während des Fastens auch gar nichts. Manchmal bin ich einfach nur sehr hungrig, schwach und sogar reizbar. Ein anderes Mal bin ich müde und erschöpft von dem Mangel an Nahrung und versuche gleichzeitig, die Kraft aufzubringen, um ihn zu preisen.

Das Erstaunliche, das ich entdeckt habe, ist jedoch, dass Gott in den Tagen, Wochen oder Monaten nach dem Fasten immer wieder tiefgreifend gewirkt hat, auch wenn ich beim

Fasten nichts gespürt hatte. Das war zwar nicht die Motivation für mein Fasten, aber die meisten meiner großen Durchbrüche und stärkeren Salbungen kamen in der Zeit direkt nach dem Fasten. Mehrere meiner Bücher, darunter *Silver to Gold*, *Water to Wine* und *Life on Wings, sind* nach längeren Fastenzeiten entstanden. Auch der Dienst *Destiny House* und *Writing in the Glory* wurden nach einem langen Fasten geboren.

Aufmerksam sein

Achte auf die Details und Themen, die Gott während des Fastens betont. Oftmals können wir die leise Stimme Gottes deutlicher hören und Dinge sehen, die wir vorher nicht sehen konnten. Achte auch auf mögliche neue Ausrichtungen, die Gott dir zeigen könnte. Wen hebt Gott in dieser Zeit für dich hervor? Wer kommt während des Fastens auf dich zu? Gibt es potenzielle Verbindungen oder gesalbte Allianzen, die Gott dir offenbart? Legt er dir eine Last für eine bestimmte Person oder Nation aufs Herz? Bringt er eine neue Idee in dein Herz? Führt er dich in eine neue Richtung?

Sei nicht überrascht, wenn Gott deine Pläne ändert oder dir während des Fastens eine neue Richtung zeigt. Das ist eigentlich ganz normal. In dem Prozess, sich auf sein Gesicht und seine Pläne zu konzentrieren, hören Menschen oft Dinge von Gott, die „aus heiterem Himmel" zu kommen scheinen. Sie sind von Gott und sind während des Fastens normal. Reagiere auf die Führung des Geistes. Was du von Gott hörst, vor allem während einer Fastenzeit, kann dein neuer Auftrag vom Himmel sein.

Lass dich nicht entmutigen, wenn du während des Fastens nichts spürst oder erlebst, wofür du gebetet hast. Wenn du dich zurückziehst, um dich allein an Gott zu laben, ist das ein Akt der Anbetung, über den er sich freut, egal ob du ein konkretes Ergebnis siehst oder nicht. Außerdem arbeitet der Herr hinter den Kulissen für dich, während du dich hingibst, auch wenn der Zeitplan anders aussieht, als du es dir vorstellst.

Vom ersten Tag an, an dem Daniel sich dem Gebet widmete, erhörte Gott sein Gebet und sandte einen Engel, um ihm zu helfen (s. Dan 10,12-14). Und denk daran, dass du im Grunde genommen hauptsächlich deshalb fastest, um dich an Gott zu laben und ihm näher zu kommen. Das allein ist schon eine unbezahlbare Investition.

Lernen zu dursten

Einmal machte ich ein Esther-Fasten in Verbindung mit einem Aufruf von Lou Engle. Das war das härteste Fasten, das ich je durchgeführt habe. Obwohl es nur drei Tage waren, habe ich komplett auf Nahrung und Wasser verzichtet. Ich erinnere mich, dass ich mich so unglaublich schwach fühlte. Ich träumte davon, auch nur einen kleinen Schluck Wasser zu haben.

Was dieses Fasten von allen anderen unterschied, war, dass ich zum ersten Mal etwas über *Durst* lernte. Ich hatte mich damit vertraut gemacht, geistlichen Hunger zu verstehen, aber als sowohl Nahrung *als auch* Wasser wegfielen, lernte ich etwas über geistlichen Durst, das mir neu war. Die Geschichte vom reichen Mann, der den Bettler Lazarus um einen Tropfen Wasser bittet, ergab für mich einen ganz neuen Sinn (s. Lk 16,19-31). Ich erfuhr mehr von dem, was der Psalmist in Psalm 42 meinte, als er schrieb, sein Herz sehne sich nach Gott, wie der Hirsch nach Wasser dürstet. Ich hatte das Gefühl, dass auch ich wie David zu Gott schreien könnte:

> *Gott, mein Gott bist du; nach dir suche ich. Es dürstet nach dir meine Seele, nach dir schmachtet mein Fleisch in einem dürren und erschöpften Land ohne Wasser* (Ps 63,2).

Da ist Gnade

Es ist wirklich wichtig, dir während des Fastens Gnade zu gewähren. Wenn du das Fasten vorzeitig oder vor dem ursprünglich gesteckten Ziel abbrichst, solltest du dir keine Vorwürfe machen oder dich verdammen (s. Röm 8,1-4). Feiere jeden kleinen Sieg! Wenn du noch nie gefastet hast und es geschafft hast, anfangs nur eine statt zwei Mahlzeiten zu fasten, dann feiere, dass du auf dem richtigen Weg bist. Es gab Zeiten, in denen ich es nicht einmal bis zum Ende meines eintägigen Fastens geschafft habe und essen musste. Die Gnade, weiterzumachen, hatte mich verlassen, und das ist okay.

Das Schöne am Fasten mit reinen Motiven und der richtigen Perspektive ist, dass wir nicht fasten, um irgendjemandem oder sogar uns selbst etwas zu beweisen, sondern einfach, *um Gott besser kennenzulernen*. Wir fasten, um mehr von Gott zu erfahren. Hier gibt es keine Regeln. Wir tun es, um uns mehr in Gott zu verlieben. Je mehr wir das Fasten üben, desto leichter wird es.

Wie man ein Fasten bricht

Praktisch gesehen ist es wichtig, das Fasten auf gute Weise zu brechen, damit du deinen Magen nicht verletzt oder deinem Körper schadest. Dein Körper ist der Tempel des Heiligen Geistes, achte also darauf, dass du weise mit dem umgehst, was in ihn hineingeht. Zum Fastenbrechen eignen sich am besten Flüssigkeiten, Fruchtsäfte und dann Obst und Gemüse. Je nachdem, wie lange du gefastet hast, kannst du langsam wieder normale Lebensmittel in deinen Speiseplan integrieren. In der Regel kannst du kürzere Fastenzeiten mit einer leichten Mahlzeit aus Obst oder Gemüse beenden und dich dann an schwerere Mahlzeiten herantasten.

Die Beendigung des Fastens ist bei jedem Menschen anders und hängt davon ab, wie lange das Fasten gedauert hat. Bei längeren Fastenzeiten solltest du dich langsam wieder an deine normale Ernährung gewöhnen, um deinen Körper nicht zu schocken. Es ist wichtig, dass du deinen Körper wieder mit den richtigen Nährstoffen versorgst. Selbst wenn du es bis zum Ende eines längeren Fastens schaffst, kann es einige Zeit dauern, bis du dich von den Folgen des Verzichts auf Nahrung und der richtigen Nährstoffe erholt hast.

Ich trinke viel Kokosnusswasser vor, nach und manchmal sogar während eines Fastens, weil es reich an Elektrolyten ist. Die Einnahme von Vitaminpräparaten kann ebenfalls hilfreich sein. Das Wichtigste, was du nach dem Fasten bedenken musst, ist, dass dein Körper keine Nährstoffe mehr hat und einige Zeit braucht, um sie wieder aufzufüllen. Recherchiere, wie du am besten aus dem Fasten herauskommst und schreibe für zukünftige Fastenzeiten auf, was funktioniert und was nicht.

Kapitel 10

Längere Fastenzeiten

Unser Ruf sollte sein, ein brennender Busch zu sein.[1]

A. W. Tozer

Vierzigtägiges Fasten

Ich habe das Gefühl, dass ich in Bezug auf das vierzigtägige Fasten immer noch ein Neuling bin. Bis heute habe ich noch kein vollständiges vierzigtägiges Fasten nur mit Wasser gemacht, obwohl ich viele Freunde habe, die das getan haben und viel qualifizierter wären, darüber zu sprechen. Die Fastenzeiten, auf die ich mich hier beziehe, beinhalteten Flüssigkeiten, worüber ich den Frieden des Herrn spürte. Es ist wichtig klarzustellen, dass ich bereits vor den längeren Fastenzeiten begonnen hatte, regelmäßig zu fasten, einschließlich mehrerer siebentägiger Fasten.

Das erste vierzigtägige Fasten mit Flüssigkeiten machte ich 2003, während ich bei Starbucks arbeitete. Danach habe ich zweitausend Exemplare meines kleinen Büchleins mit dem Titel *From Silver to Gold* („Von Silber zu Gold") bei *The*

---

[1] A. W. Tozer, *The Fire of God's Presence*, 74. Er sagt: „Wir sind nicht dazu berufen, groß zu sein. Wir sind nicht dazu berufen, schön zu sein. Im Feuer mag es schön sein, aber nicht in der Kühnheit oder im Mut. Unsere Berufung sollte sein, ein brennender Busch zu sein."

Call[2] von Lou Engle in San Francisco herausgebracht, lange bevor ich ihn traf. Diese Broschüre war der Anfang dessen, was später mein erstes Buch, *Silver to Gold: A Journey of Young Revolutionaries* („Silber zu Gold – Eine Reise junger Revolutionäre") wurde. Es erschien 2009 und wurde zur Kernbotschaft für mein Leben und meinen Dienst.

Mein zweites vierzigtägiges Fasten führte ich während der arbeitsreichen Ferienzeit im November und Dezember 2011 durch. Gott zeigte mir ein oder zwei Tage vorher, dass ich dieses vierzigtägige Fasten machen sollte. Ich wusste, dass er mich auf meine Ordination mit Heidi Baker vorbereitete, die genau vierzig Tage später stattfinden sollte. Das Fasten war eine Möglichkeit für mich, meine Ordination ernst zu nehmen, mich zu weihen und mich darauf vorzubereiten, in alles einzutreten, was Gott für mich hatte. Der Zeitpunkt war auch deshalb von Bedeutung, weil ich kurz vorher meine Promotion in England abgeschlossen hatte, zurück nach Südkalifornien gezogen war und mich darauf vorbereitete, nach Redding in Kalifornien zu ziehen.

Dieses Fasten war eine unglaubliche Herausforderung, weil es während des (amerikanischen) Erntedankfestes und der Weihnachtsfeiertage stattfand. Ja, das stimmt – die ganze Familie versammelte sich am Tisch und ich war die Einzige, die keinen Truthahn aß!

Am ersten Tag des Fastens begann ich mit der Arbeit an einem kleinen Zeugnisbuch mit dem Titel *Water to Wine: Experiencing God's Abundance in the Canary Islands* („Wasser zu Wein – Gottes Fülle auf den Kanarischen Inseln erleben") mit der Absicht, es innerhalb der vierzig Tage zu veröffentlichen. Am fünften Tag meines Fastens, als ich noch in Orange County war, ging ich in eine Bibliothek vor Ort und war fest

[2] *The Call* war eine Organisation, die Gebetstreffen unter der Leitung von Lou Engle und anderen führenden christlichen Pastoren in den Vereinigten Staaten veranstaltete (Engl. Wikipedia 18.03.2024, übersetzt vom Herausgeber).

entschlossen, an dem Buch zu arbeiten, als ich mit einem direkten geistlichen Kampf konfrontiert wurde.

Als ich in der Bibliothek an meinem Manuskript arbeitete, starrte mich eine Frau an und begann dann, mich buchstäblich anzufauchen. Ich konnte es nicht glauben! Aber weil ich fastete, hatte ich den Mut, die Sache anzusprechen, anstatt mich davon beeindrucken zu lassen. Als sie mich anfauchte, schaute ich ihr direkt in die Augen und sagte: „Entschuldigen Sie bitte – was haben Sie gesagt?“ Sie antwortete nicht. Ich versuchte, mich wieder auf meine Arbeit zu konzentrieren und tat mein Bestes, um das Böse zu ignorieren, das sich in meine Richtung ergoss.

Als sie mich weiter anstarrte, dachte ich: *Dieser Dämon weiß nicht, mit wem er es zu tun hat, vor allem nicht während meines vierzigtägigen Fastens!* Und gleichzeitig: *Oh nein! Muss ich jetzt in einer öffentlichen Bibliothek einen Dämon austreiben?*

Schließlich stand die Frau auf und ging, und ich konnte mit meinem Schreiben fortfahren, ebenso wie die andere Person in meiner Nähe in Ruhe und Frieden weiterarbeiten konnte. Hätte ich nicht gefastet, hätte ich mich wahrscheinlich geärgert, wäre frustriert gewesen, hätte mich für den Rest des Tages aus dem Konzept bringen lassen und mich der Situation nicht gestellt. Aber weil ich fastete, konnte ich die Oberhand gewinnen, mich behaupten und mich nicht angreifen lassen oder dem Feind Aufmerksamkeit schenken. Das Fasten half mir, mich zu konzentrieren. Schließlich veröffentlichte ich mein Buch am letzten Tag des Fastens, also vierzig Tage später, am selben Tag, an dem ich abends von Heidi Baker in Redding am 31. Dezember 2011 ordiniert wurde.

In dem Monat, der auf mein vierzigtägiges Fasten und die Ordination mit Heidi folgte, hatte ich zwei bedeutende prophetische Träume, die sich später erfüllten, als ich noch keinen Job, kein Auto und keine feste Bleibe hatte. In diesem Zeitraum erlebte ich auch eine der intensivsten, herausforderndsten und demütigsten Zeiten meines Lebens, kurz bevor ich am 18. Februar 2012, meinem Geburtstag, *Destiny House* gründete. Es war ein echter Kampf, aber diese Geschichte ist für ein anderes Mal. Du kannst sie in meinem Buch *Walking on Water* nachlesen.

Anfang Februar 2012, nur einen Monat nach meinem Fasten, habe ich auch zusammen mit drei anderen in einem Café das allererste „Writing in the Glory“[3]-Training gestartet. Daraus sind inzwischen ein Arbeitsbuch, ein Workshop und ein Online-Kurs geworden, und ich bin um die Welt gereist und habe zahlreichen Autorinnen und Autoren, die Erweckungspioniere sind, dazu verholfen, ihre ersten Bücher zu schreiben. Im März 2012 habe ich außerdem mein Buch *Life on Wings: The Forgotten Life and Theology of Carrie Judd Montgomery (1858–1946)*[4] beendet.

Dieses Fasten trug wesentlich dazu bei, mich darauf vorzubereiten, in den folgenden Monaten und Jahren meine Bestimmung auszuweiten. Bis heute profitiere ich von der Dynamik dessen, was unmittelbar nach diesem längeren Fasten entstanden ist. Seine Wirkung trägt auch heute, über ein Jahrzehnt später, noch Früchte. Das nenne ich eine starke Investition!

Mein drittes vierzigtägiges Fasten ein paar Jahre später war einzigartig. Sowohl dieses Fasten als auch das vorherige kamen plötzlich über mich. Sobald ich Gottes Impuls spürte, wurde ich vom Geist bewegt, mein Fasten innerhalb von ein bis zwei Tagen zu beginnen. Dieses dritte vierzigtägige Fasten war eine Vorbereitungszeit auf eine neue Lebensphase. In mancher Hinsicht war es einfacher als das vorherige Fasten, denn es fiel in den Sommer, und glücklicherweise gab es zu dieser Zeit weniger soziale Aktivitäten um mich herum. Dieses Fasten war auch deshalb einzigartig für mich, weil ich etwas getan habe, was ich bei früheren Fasten noch nie getan hatte.

Auf halbem Weg durch mein Fasten am zwanzigsten Tag befand ich mich auf einer Hochzeitsfeier. Ich war hin und her

---

[3] Schreiben in der Herrlichkeit.

[4] Dt. „Leben auf Flügeln – Das vergessene Leben und die Theologie von Carrie Judd Montgomery“.

gerissen. Ich war mit meinen Freunden zusammen und wollte unbedingt an der Feier teilnehmen, aber ich hatte großen Hunger, war müde und verlor an Durchhaltevermögen. Auf meinem Tisch stand meine Flasche Mangosaft. Das war peinlich. Ich war hungrig. Jesus hat auf einer Hochzeit gefeiert und Wasser in Wein verwandelt, also beschloss ich nach einem aufschlussreichen Gespräch mit einer Freundin, an diesem Fastenabend etwas Verrücktes zu tun: *essen!* Und das zu essen, was ich wollte! An Tag zwanzig beschloss ich, die Hochzeitsfeier zu genießen und eine der köstlichsten Mahlzeiten meines Lebens zu verzehren! Nach dieser Mahlzeit setzte ich mein Fasten wieder fort.

Gegen Ende dieser höchst interessanten Fastenzeit verlor ich langsam die Willenskraft und nahm ein paar ausgewählte Mahlzeiten zu mir, bevor die vierzig Tage endeten. Insgesamt nur vier Mahlzeiten von 120 möglichen in den vierzig Tagen zu essen, ist immer noch eine große Investition, die ich nicht bereue. Das ist das Wunderbare am Fasten – es gibt keine Gesetze oder Regeln. Es gibt niemanden, der dich bestraft oder verurteilt, wenn du dein gewünschtes Fastenpensum erfüllst oder nicht. Wenn du nur fastest, um eine engere Beziehung zu Gott aufzubauen, ist das eine Sache zwischen dir und Gott. Es geht nicht darum, ein Ziel zu erreichen oder eine religiöse Pflicht zu erfüllen, sondern um Hingabe und Anbetung an ihn.

Auch wenn ich jenes Fasten nicht ganz so vollendet habe, wie ich es mir vorgenommen hatte, glaube ich, dass Gott meine Bemühungen anerkannt hat. Und ich glaube, dass es besser ist, ein bisschen zu fasten, als gar nicht zu fasten, selbst wenn man nicht das ganze Fasten beendet. Es gibt dabei immer etwas zu lernen. Wenn wir unsere Fastenmuskeln trainieren und aufbauen, werden sie mit der Zeit immer stärker.

Lies als Nächstes Heidis einzigartige Erfahrungen beim vierzigtägigen Fasten. Ich finde es toll, dass es bei niemandem gleich ist. Gott begegnet jedem von uns auf einzigartige Weise, und das ist etwas Wunderbares.

„Ich bin kein Drogendealer. Ich verspreche es!“
(von Heidi Baker)

Ich erinnere mich noch an das erste vierzigtägige Fasten, das ich durchgeführt habe. Der Herr sagte mir: „Ich will mit dir allein sein.“ Zu der Zeit schrieb ich an meiner Doktorarbeit in Großbritannien. Davor hatte ich schon viele einundzwanzig- und siebentägige Fasten gemacht, aber vierzig Tage sind länger. Und ich bin nicht Lou Engle; ich mache nicht alle achtzig Tage ein vierzigtägiges Fasten! Wahrscheinlich ist er gerade dabei, ein weiteres Fasten zu machen. Aber das Fasten hat mein Leben wirklich geprägt.

Vor Kurzem führte ich zwei vierzigtägige Fastenzeiten durch. Ich weiß noch, dass der härteste Teil des Fastens im Flugzeug war, als die Angestellten der Fluggesellschaft mit ihren Essenstabletts kamen. Während einer meiner vierzigtägigen Fastenzeiten war ich trotzdem als Sprecherin in der ganzen Welt unterwegs und musste während des Fastens viel fliegen. Sehr oft, wenn das Essen im Flugzeug kam, habe ich mir gewünscht, der Herr würde mir einfach etwas zu essen geben.

Und dann sagten die Stewardessen: „Warum essen Sie nicht? Bitte essen Sie! Sie müssen etwas essen.“ Das war vielleicht ein siebzehnstündiger Flug.

Jedes Mal, wenn sie ein Tablett brachten, sagte ich: „Nein, danke“, und zwar immer wieder. Ich weiß noch, wie mein Fleisch schrie: „Du siehst aus wie eine Verrückte. Diese Leute denken, du seist verrückt.“

Dann erinnerte ich mich daran, dass ein Freund mir erzählt hatte, dass Drogendealer nicht in Flugzeugen essen, weil sie die Drogen schlucken. Die Angestellten der Fluggesellschaft werden immer gewarnt, wenn jemand nicht isst, und sie halten diese Leute für mögliche Drogendealer. Schließlich wurde mir klar, was hier abging. Sie drängten mich nicht, weil ich nichts gegessen hatte, sondern weil sie buchstäblich dachten, ich könnte Drogen bei mir haben. Das habe ich erst später gemerkt. Es war eine Herausforderung. Aber ich musste mich damit abfinden, die folgende Frage von Gott zu beantworten: „Was wird dich interessieren: die Meinung der Menschen oder das, um was ich dich gebeten habe?“

Bei den Kosten geht es manchmal darum, zu verdrängen, was die Menschen denken. Sogar in der Kirche sagen die Leute: „Das ist toll, dass du fastest“ oder: „Gut gemacht.“ Aber es gibt auch Leute, die wütend auf dich sein werden. Andere Leute denken vielleicht, du seist verrückt. Wenn die Menschen in der Welt sehen, dass jemand tagelang nichts isst, können sie sehr verwirrt sein.

Ich weiß noch, dass meine Mutter einmal weinte und dachte, ich sei verrückt und in einer Sekte. Sie dachte, ich würde sterben, wenn ich nicht etwas essen würde. Ich musste meine Mutter weiter lieben und gleichzeitig an dem festhalten, was der Herr von mir verlangt hatte. Es hat seinen Preis, aber er ist es wert.

Das Interessante ist, dass Gott mir in den vierzig Tagen oder den einundzwanzig Tagen und allen Fastenzeiten am tiefsten begegnet, bevor ich anfange, wenn er mich dazu auffordert. Er platzt einfach in mein Leben hinein mit seiner Einladung zu fasten. Er „ruiniert mich“, gibt mir aber die Kraft, während des ganzen Fastens zu gehorchen. Nach dem Fasten habe ich dann meist wieder eine Begegnung mit ihm. Ich weiß nicht, warum das so ist. Ich habe schon von anderen gehört, dass sie während des Fastens nächtliche Träume und Visionen haben. Ich selbst bin die meiste Zeit einfach nur hungrig. Aber ich verbringe viel Zeit damit, das Wort Gottes zu lesen, und wenn das Fasten vorbei ist, bin ich völlig fertig.

Einmal fuhr ich gegen Ende einer meiner Fastenzeiten zum ersten Mal nach Portugal. Ich ging auf den Gipfel eines Berges, um dort mein Fasten mit dem Abendmahl zu beenden. Das war der Moment, in dem Gott einfach über mich hergefallen ist. Am Ende meines vierzigtägigen Fastens dort auf dem Berg sagte er: „Danke, dass du mir gehorcht hast. Danke, dass du auf mich gehört hast.“ Es war unglaublich, dass er am Anfang und am Ende des langen Fastens mir so stark begegnete.

Kapitel 11

Gemeinschaftliches Fasten

Und das Feuer auf dem Altar soll auf ihm in Brand gehalten werden, es soll nicht erlöschen; und der Priester soll Holz auf ihm anzünden, Morgen für Morgen, und das Brandopfer auf ihm zurichten und die Fettstücke der Heilsopfer auf ihm in Rauch aufgehen lassen (3. Mose 6,5).

Gemeinschaftliches und regelmäßiges Fasten kann sehr wirkungsvoll sein. John Wesley fastete jede Woche an zwei verschiedenen Tagen mit seinen Freunden und ermutigte die Mitglieder seiner Bewegung, seinem Beispiel zu folgen. William J. Seymour fastete mit einigen Freunden zehn Tage lang, als die Erweckung in der Azusa Street ihren Anfang nahm. Gemeinschaftliches Fasten ist dynamisch, weil es ein Element der Verantwortlichkeit, Ermutigung und Mobilisierung für einen größeren Durchbruch hineinbringt. Oftmals bewirkt gemeinsames Fasten in Verbindung mit Gebet oder Anbetung einen starken Fokus, Synergie und eine Beschleunigung, was Gottes Dinge angeht.

Ein gemeinsamer Fastenrhythmus

Ich lade immer wieder andere ein, sich mir bei meinem regelmäßigen wöchentlichen Fasten anzuschließen. Die Gemeinschaft im *Destiny House,* die ich von 2012 bis 2019 leitete, fastete jeden Montag gemeinsam. Nach dem Abendessen am Sonntag ließen wir das Frühstück und das Mittagessen am nächsten Tag aus. Am Montagabend brachen wir unser Fasten dann gemeinsam mit einem „Familienessen". Wir versuchten, im läuternden Feuer Gottes zu leben und voll mit dem Öl des Geistes zu sein. Wenn etwas auftauchte, das ein Wunder oder einen Durchbruch brauchte, waren wir bereits am Fasten, sodass wir uns im Gebet verbinden konnten. Wenn Missionare oder Leiter zu Besuch kamen, konnten wir im Voraus fasten und beten, um uns mit dem Durchbruch eins zu machen, den sie sich wünschten.

Jeden Sommer fasteten wir auch eine Woche lang, um gemeinsam für das kommende Jahr zu beten. In dieser Fastenwoche veranstalteten wir auch jeden Tag offene Anbetungszeiten, um Gott zu begegnen. Diese Vorbereitung für die kommende Zeit hatte einen starken Einfluss auf das ganze darauffolgende Jahr, in dem wir jeden Freitagmorgen solche Anbetungszeiten abhielten und Gott buchstäblich Wunder vor unseren Augen tun sahen.

Heute, wo ich eine *School of Revival* mit Menschen aus der ganzen Welt leite, fasten wir einen Tag in der Woche. Das hilft uns, geläutert und dem Herrn geweiht zu leben. Ein regelmäßiger gemeinsamer Fastenzyklus bereitet uns auch darauf vor, dass wir bereit sind, wenn es an der Zeit ist, im Glauben hinauszugehen oder sogar längere Fastenzeiten einzulegen, wenn wir vom Geist so geführt werden. Beständiges Fasten hilft, diese geistlichen Muskeln aufzubauen.

Wenn wir uns einen Fastenrhythmus aneignen und ihn in friedlichen Zeiten praktizieren, werden wir bereit sein, wenn eine geistliche Schlacht ansteht. Navy Seals[1] trainieren und bereiten sich rigoros vor, damit sie bereit sind, wenn es Zeit

---

[1] Die United States Navy SEALs sind eine Spezialeinheit der U.S. Navy ... Der Begriff „SEAL" ist ein Akronym aus den Wörtern Sea, Air, Land (Meer, Luft, Boden), die die Einsatzorte der Spezialeinheit zum Ausdruck bringen (Wikipedia 18.03.2024).

ist, auf eine Mission geschickt zu werden. Sie bereiten sich nicht erst vor, wenn sie ausgesandt werden. Sie leben in Bereitschaft. Das ist unser Auftrag im geistlichen Sinne, und das Fasten kann uns helfen, uns auf ähnliche Weise vorzubereiten.

Fasten und Dienst

> In der Mission wurde drei Tage lang gefastet und gebetet, um mehr Kraft für die Versammlungen zu bekommen. Der Herr erhörte uns und in der zweiten Nacht wurden rund um den Altar Menschen vom Geist tief berührt. Wir spürten jede Nacht eine Zunahme der Kraft.[2]
>
> Azusa Street Mission (Mai 1907)

Ich versuche mir regelmäßig Zeit zum Fasten zu nehmen, bevor ich auf einer Veranstaltung oder Konferenz diene. Ich habe in meinem Leben und in meinem Dienst die Erfahrung gemacht, dass sehr viel mehr passiert, wenn ich mich vor einer Aufgabe zum Fasten und Beten zurückziehe. Das Fasten hilft mir, Gottes Herz für sein Volk zu verstehen, meinen prophetischen Fokus zu schärfen und mich besser auf den Fluss des Geistes einzustellen. Das Fasten hilft mir, mit den Gelegenheiten, die Gott mir anvertraut, gut umzugehen und sie zu nutzen. Ich habe auch erlebt, dass die Kraft Gottes stärker und tiefgehender wirkt, wenn mein Team und ich vor einer Veranstaltung gemeinsam fasten.

Wenn ich die Möglichkeit habe, ermutige ich auch andere, mindestens einen Tag zu beten und zu fasten, bevor sie an einem Treffen teilnehmen, bei dem ich dienen werde. Das steigert ihren Hunger und ihre Erwartung und versetzt sie in die Lage, alles zu empfangen, was Gott für sie hat. Meistens ist mein Gebet, dass sie durch die Zeugnisse der Erweckungsgeschichte, die

---

[2] „In der Azusa-Mission", *Der Apostolische Glaube* 1:8 (Mai 1907), 2.

ich erzähle, eine Begegnung mit Gott und entscheidende Momente mit ihm erleben.

Einmal fasteten einige Frauen im *Destiny House* und ich mehrere Tage im Vorfeld eines Vortrags, den ich an der *Bethel School of the Supernatural* im Jahr 2015 hielt, bei dem ich über die walisische Erweckung sprechen wollte. Ich weiß noch, dass sich die Vorbereitung davor sehr schwer anfühlte, als ob wir etwas Bedeutendes in uns trugen, das freigesetzt werden musste. Es fühlte sich an, als wären wir mit etwas Gewichtigem schwanger.

Nach unserer Vorbereitung durch Gebet und Fasten gingen wir in dieses Treffen und die Kraft Gottes brach über uns herein, wie ich es in meinem Dienst noch nie erlebt hatte. Die Menschen schrien, wurden befreit und vom Feuer Gottes gezeichnet. Einige lagen sogar auf dem Boden und stöhnten, als würden sie etwas im Geist gebären. Von einigen Schülern, die an diesem Tag dabei waren, habe ich noch Jahre später gehört, dass Gott sie damals mit Feuer gezeichnet und Samen ihrer Bestimmung in sie gelegt hat. Das Feuer Gottes fiel auf eine mächtige Weise. Das Fasten war wie eine Geburtswehe in dem Prozess, bevor die Geburt abgeschlossen war.

Später in diesem und dem folgenden Jahr öffnete Gott mir Türen, damit ich der Schule auch von der Erweckung in der Azusa Street erzählen konnte. Damit wollte ich sie auf die Azusa-Now-Veranstaltung vorbereiten, die Lou Engle später im Schuljahr organisierte. Wieder einmal kann ich nicht beschreiben, was in diesen Treffen freigesetzt wurde. Das Erzählen dieser kraftvollen Zeugnisse aus der Erweckungsgeschichte, gepaart mit Fasten, Fürbitte und der Einladung der Engel, war explosiv. Gott brach einfach herein, und ich versuchte mein Bestes, um ihm Raum zu geben. Ein Student, der bei einigen dieser Azusa-Sessions dabei war, wird dir eine bessere Vorstellung davon geben, was Gott damals freigesetzt hat.

Beauftragt als „Erweckungspionier" unter der Kraft Gottes

(von Mathieu Bernard aus der Schweiz,
Absolvent der Bethel School of Supernatural Ministry)

Alles begann im November 2015. Ich saß im Unterricht in der *Bethel School of Supernatural Ministry*. Jennifer kam am Ende des Tages, nur um für die Azusa-Erweckung unter uns zu beten. Ich hatte noch nie eine Manifestation des Geistes erlebt. In meiner Gemeinde zu Hause wurde über den Heiligen Geist gesprochen, aber ich hatte nicht das Gefühl, dass wir tatsächlich mit ihm verbunden waren. Ich war zuvor noch nie betrunken im Geist und hatte auch noch keine anderen Manifestationen erlebt, die heute normal sind. Aber in dieser Umgebung war ich neugierig darauf, das selbst zu erleben.

Aber als Jennifer an diesem Tag die Bühne betrat, änderte sich etwas. Ich erlebte etwas, was ich noch bei keinem anderen Sprecher gespürt hatte. Was mich beeindruckte, war, dass sie nur fünf Minuten lang sprach. Dann sagte sie: „Lasst uns die Gegenwart Gottes hier anerkennen." In diesem Moment kam die Gegenwart des Heiligen Geistes so stark, dass die Hälfte der Schülerinnen und Schüler sichtlich von Gott berührt wurde.

Plötzlich drang etwas durch meinen rechten Arm, in meine Brust und dann in meinen Hals. Das Gefühl war wie eiskaltes Wasser. Mit einem Mal spürte ich eine Freiheit, wie ich sie vorher noch nie erlebt hatte. Eine Freiheit, Gott auf eine neue Weise anzubeten. Ich begann in Dankbarkeit anzubeten und betete von ganzem Herzen zu Gott in Bezug auf Azusa. Die Gegenwart Gottes wurde immer stärker um mich herum und ich hielt mich an der Stange neben meinem Sitz fest.

Machen wir nun einen Sprung zum März 2016. Jennifer kam zurück an unsere Schule. Sobald ich sie erkannte, sagte ich zu meiner Frau: „Das ist Jennifer. Sie hat etwas Besonderes an sich, denn Gott berührt mein Leben jedes Mal, wenn sie kommt." Kaum hatte ich meinen Satz beendet, geschah etwas hinter mir, das sich wie ein Windstoß anfühlte. Es berührte meinen Kopf und ging bis zu meinen Füßen hinunter. Ich fragte die Frau neben mir, ob sie auch etwas gespürt habe, und sie bejahte es. Dann kam eine weitere Welle und dann noch eine und noch eine. Zum ersten Mal verstand ich, was die Leute meinten, wenn sie sagten: „Gott trifft dich wie eine Welle."

Ich verstand in diesem Moment, dass Gott an diesem Tag etwas in mir tun wollte, also gab ich mich ihm hin und hob meine Hände und meine Augen zum Himmel, als er mein Herz berührte. Ein paar Augenblicke vergingen, und plötzlich begann ich unkontrolliert zu weinen, als neue Wellen Gottes mich erneut berührten. Ich öffnete meine Augen und sah Jennifer auf der Bühne, die die Geschichte von Evan Roberts erzählte. Als ich das Bild von Evan sah, begann ich zu zittern.

Jennifer fuhr fort: „Wisst ihr, wie Evan die Erweckung ausgelöst hat? Indem er für Errettungen betete."

Ich fing an, hysterisch zu lachen und zu weinen. Ich war schockiert, denn nur ein paar Monate zuvor hatte ich an meinem Küchentisch gesessen und etwas über Evan Roberts gelesen. Als ich damals über diesen Erweckungsprediger las, begann ich zu weinen. Im Geist war ich so bewegt, dass ich anfing, für fünfzig Errettungen in meinem eigenen Land zu beten.

In diesem Moment nun, als ich in der Schule wieder weinen musste, als ich von Evan hörte, wusste ich, dass Gott etwas in mir tat, das ich nicht erklären konnte. Ich hatte noch nie die hörbare Stimme Gottes gehört, aber in diesem Moment berührte Gott mich so tief und sagte zu mir: „Ich gebe dir den Mantel von Evan Roberts." Überwältigt von seinem Frieden wurde ich in der Gegenwart Gottes „versiegelt". Gott selbst beauftragte mich als Erweckungsprediger, und ich wusste, dass ich von diesem Tag an nicht mehr derselbe sein würde.

Gott wählte Jennifer aus, um mir nicht nur ein Schlüsselwort ins Herz zu legen, sondern auch genau das, wozu ich berufen war. Der Mantel, für den Gott mich geschaffen hat, wurde mir an diesem Tag überreicht, und ich bin ihm für immer dankbar.

Fasten und Erweckung vorantreiben

> Alle Anwesenden kamen zum Altar, weihten sich Gott und beteten um die Taufe mit dem Heiligen Geist und dem Feuer, und in dieser Nacht kam sie. Fünfzehn kamen zum Altar und schrien um Gnade. Männer und Frauen fielen um und lagen wie tot da. So etwas hatte

> ich noch nie gesehen. Ich spürte, dass es das Werk Gottes war, aber ich wusste nicht, wie ich es erklären oder was ich sagen sollte.[3]
>
> Maria Woodworth-Etter

Fasten ist ein Schlüssel, um den Weg für Erweckung zu bahnen. Und auch wenn du das Gefühl hast, dass Gott etwas Neues in deinem Leben gebären will, dann faste. Ich erinnere mich an ein zehntägiges Fasten im August 2019, als ich in Norwegen war, um mich auf meine anschließende europäische „Erweckungstour" vorzubereiten. Ich hatte in Norwegen gerade den ersten „Writing in the Glory"-Workshop geleitet und dann in einer Gemeinde darüber gesprochen, wie man Erweckung nicht verpasst. Am nächsten Tag beschloss ich zu fasten, um den Start der ersten *Schule der Erweckung* in der Schweiz, der Tschechischen Republik und Belgien vorzubereiten.

Am vierten Tag des Fastens hielt ich einen Erweckungsabend über die Azusa-Street-Erweckung im Keller einer Gemeinde in Oslo, die der Pfingstpionier T. B. Barratt gegründet hatte. Gott wirkte auf eine besondere Weise. Am fünften Tag des Fastens hatte ich einen Tag für mich, an dem ich Gott mein Herz ausschüttete. Er befreite mich von der Festung einer Lüge, die mich bis dahin belastet hatte.

Ich beendete dann in der Schweiz mein zehntägiges Fasten und eröffnete gleich am nächsten Tag, dem 30. August 2019, die allererste *School of Revival,* an der auch einige Mitglieder des *Destiny House* teilnahmen. Nachdem ich über die walisische Erweckung und die Erweckung in der Azusa Street berichtet hatte, fiel das Feuer Gottes sehr gewaltig. Einer der Schüler namens Matthew wurde in der Schule von Gott gebrandmarkt. Er sagte:

---

[3] Maria Woodworth-Etter, *Acts of the Holy Ghost; or The Life, Work, and Experience of Mrs. M.B. Woodworth-Etter, Evangelist* (Dallas, TX: John F. Worley Printing Co., 1912), 42–43.

> Ich spürte diesen Windstoß, als würde jemand hinter meinem Rücken vorbeilaufen. Ich spürte buchstäblich, wie sich mein T-Shirt bewegte und bekam eine Gänsehaut am ganzen Körper. In diesem Moment hörte ich, wie Menschen im Raum dem Herrn gegenüber kapitulierten und ihm ihr Herz ausschütteten. Ich wusste, dass er in diesem Moment da war.
>
> Ich begegnete Gott auf eine neue, verrückte Weise. Ich wollte schon immer seine Herrlichkeit erleben und sehen, und dies war ein lebensverändernder Moment für mich.

Nach meiner Zeit in der Schweiz fuhr ich weiter, um eine *School of Revival* in der Tschechischen Republik und in Belgien zu veranstalten, bevor ich meine Reise in Frankreich mit ein paar Erweckungsveranstaltungen beendete. Weniger als ein Jahr später und nachdem Gott mich Ende 2019 ins Orange County zurückschickte, tat ich einen Schritt im Glauben und hielt im Mai 2020 die erste *School of Revival* online. Das war in den ersten Tagen der COVID-19-Pandemie und des Lockdowns und sollte eigentlich nur eine einmalige Sache sein. Gott wirkte dabei aber durch seinen Geist so stark, dass sie das ganze Schuljahr hindurch fortgesetzt wurde und bis zum Zeitpunkt des Schreibens dieses Buches immer noch im Gange ist.

Kurz bevor wir etwas Neues beginnen oder einen radikalen Durchbruch wagen, bereitet Gott uns oftmals vor, indem er uns zum Fasten anregt, damit wir mit ihm zusammen das hervorbringen können, was er auf dem Herzen hat. Als ich 2019 in Norwegen zehn Tage lang fastete, hatte ich keine Ahnung, dass ich etwas säen würde, das später zu einer Bewegung namens *School of Revival* werden würde, die viele Menschen auf der ganzen Welt beeinflussen würde.

Kapitel 12

Durchbrüche beim Fasten

von Lou Engle

Belohnungen für das Fasten

Es gibt Durchbrüche, die im normalen Gebet nicht ohne Weiteres, im Fasten aber durchaus möglich sind. In seinem Buch *Shaping History Through Prayer and Fasting* („Geschichte gestalten durch Gebet und Fasten“) hat Derek Prince ein Dreieck gezeichnet mit einer waagrechten Linie, die die Spitze abtrennt.[1] Unterhalb dieser Linie liegen die Antworten, die wir beim normalen Gebet erhalten. Oberhalb dieser Linie befinden sich jedoch die Mega-Durchbrüche, die nur durch Fasten und Gebet möglich sind. Es gibt eine Dimension des Fastens, die uns in eine Verzweiflung treibt, in der wir Gott auf eine Weise erreichen, wie es sonst nicht möglich ist.

Zu viele Menschen lehnen das Fasten ab und sagen: „Na ja, das muss ich nicht tun.“ Und ich antworte: „Musst du denn beten? Musst du für die Armen spenden oder andere im Dienst unterstützen?“ „Auf jeden Fall.“ Fasten ist ein Teil der drei Standbeine in der Nachfolge. Jesus sagt: „*Wenn* ihr fastet …“, „*Wenn* ihr Almosen gebt …“ und „*Wenn* ihr betet …“ Er sagt nicht: „Falls …“. Er sagt uns auch, dass wir fasten werden,

---

[1] Lou bezieht sich auf das Buch von Derek Prince „*Shaping History Through Prayer and Fasting*“ (New Kensington, PA: Whitaker House, 1973, 2002).

wenn wir seine Jünger sind. Er sagt im Prinzip: „*Wenn* ihr fastet, geht in eure Kammer, an einen geheimen Ort, und verkündet es nicht überall (es sei denn, es ist ein gemeinschaftliches Fasten, zu dem ich oft aufgerufen und das ich oft abgebrochen habe). Und wenn ihr fastet, wird der Vater im Himmel es sehen, wenn ihr im Verborgenen fastet, und er wird euch in der Öffentlichkeit *belohnen*" (s. Mt 6,1-18).

Das Fasten hat eine Belohnung. Und ich glaube, diese Belohnung ist vor allem eine intime Begegnung mit dem Herrn.

Fasten und das Dämonische

Nach meinem persönlichen Durchbruch mit dem Fasten beim Rasenmähen führte ich mit einem Freund ein weiteres Fasten durch, bei dem wir zehn Tage lang um die Salbung zur Dämonenaustreibung beteten. Am zehnten Tag meines Fastens rief mich mein Pastor an und sagte: „Lou, hier ist eine junge Frau, die Gebet braucht." Ich ging hin und gesellte mich zu meinem Pastor. Als sie anfing zu beten und ihrem Bruder zu vergeben, begannen sich Dämonen zu manifestieren und durch sie zu sprechen. Sie begann, ihren Kopf auf den Tisch zu schlagen. Als wir für sie „im Namen Jesu" beteten, wurde sie fast sofort befreit. Ich war fassungslos. Am zehnten Tag des Fastens kam der Durchbruch.

Ein anderes Mal während einer Fastenzeit war ich Co-Leiter eines Hauskreises mit etwa zwanzig Leuten. Ein Mann kam herein, ohne sich vorzustellen oder zu grüßen. Wir hatten keine Ahnung, wer er war; er setzte sich einfach hin. Als am Ende alle gingen, blieb er noch da.

Als ich ihn fragte, was er wolle, fragte er: „Kannst du meine Dämonen austreiben?"

Und ich dachte: *Oh nein!*

Also brachten mein Freund und ich ihn in ein Hinterzimmer, wo ich ihn befragte, um herauszufinden, was los war. Ich weiß noch, dass ich dachte: *Ich kenne mich damit nicht aus.* Wir hatten zehn Tage gefastet, um uns darauf vorzubereiten, dass

Gott auf eine stärkere Weise wirken würde. Jesus sagt in Matthäus 17,21 (MNG): *„Diese Art (von bösen Geistern) aber lässt sich nur durch Gebet und Fasten austreiben."*

Also sprach ich ein Stoßgebet und sagte: „Herr, wenn dieser Mann von Dämonen besessen ist, dann treibe sie in Jesu Namen aus."

Sofort fing der Kerl an zu zappeln wie ein Fisch. Zwei Stunden lang floppte er buchstäblich auf der Couch umher und manifestierte.

Schließlich erzielten wir einen Durchbruch und er hörte auf zu zappeln. Dann sah er mich an, lächelte und sagte: „Vielen Dank", und ging zur Tür hinaus.

Gemeinschaftliche Durchbrüche beim Fasten

Ein anderes Mal führten zehn oder fünfzehn von uns ein dreißigtägiges Fasten durch. Wir versammelten uns jeden Abend, um dafür zu beten, dass die prophetische Anbetung so „explodieren" würde, dass Menschen während der Anbetungszeiten in unserer Gemeinde gerettet werden. Jeden Abend während des Fastens beteten wir speziell dafür, dass Menschen inmitten der Anbetungszeit gerettet werden. Am Abend vor dem dreißigsten Fastentag las ich in 1. Samuel 10, wie die Söhne der Propheten auf ihren Musikinstrumenten spielten und König Saul unter dem Einfluss ihrer Anbetung den ganzen Tag lang prophezeite.

Als ich diese Passage las, begann ich zu seufzen und stimmte in das ein, was der Geist für uns mit Seufzen betet, das zu tief ist, um es in Worte zu fassen (s. Röm 8,26). Das Fasten hatte mich auf diesen Geburtsprozess vorbereitet. *Fasten ist die Gebärmutter, die neue Zeitalter, neue Tage und neue Bewegungen von Gottes Wirken in unserem Leben hervorbringt.* Während ich stöhnte, wusste ich, dass am nächsten Tag, dem Sonntag, während der Anbetungszeit etwas passieren würde.

Ich war sogar der Lobpreisleiter, ob du es glaubst oder nicht. Ich habe eine alte, raue Stimme, aber ich kann singen! Als ich anfing, spontan ein Lied zu singen, kam eine Dame von der Empore herunter und nahm das Mikrofon neben mir. Das hätte eigentlich nicht passieren dürfen, aber Gott hat die göttliche Symphonie inszeniert. Als ich anfing zu singen: „Wir schauen auf deine Reinheit ...", fing sie an, das Echo zu singen: „Wir schauen auf deine Reinheit ..."

Ich fuhr fort: „Wir schauen auf deine Schönheit. Wir schauen auf deine Lieblichkeit, heiligen Weihrauch bringen wir", und sie sang die Echos weiter. Als ich dann sang: „Und wir schauen in einen offenen Himmel ...", brach der ganze Himmel an diesem Ort aus! Es war wie ein Tumult. Die Menschen fingen an zu schreien, zu rufen und zu tanzen. Keiner konnte aufhören. Dann gab es einen Aufschrei: „Wir sehen Engel!" Keiner konnte mehr predigen. Die Menschen wurden gerettet und in den darauffolgenden Wochen übergaben auch viele andere während der Anbetungszeit ihr Leben Christus. Es war ein Wunder. Durch diese radikale Manifestation seiner Gegenwart zeigte mir der Herr die Macht des gemeinsamen Gebets und Fastens.

Durch eine Reihe von Durchbrüchen in meinem Leben in Bezug auf das Fasten hat Gott mir ein Prinzip offenbart. Alles begann mit mir selbst, als ich einen persönlichen Durchbruch beim Fasten erlebte. Dann sah ich den Durchbruch bei Menschen, die Befreiung brauchten. Dann sah ich es gemeinschaftlich in unserer Gemeinde, nachdem wir dreißig Tage lang für den Durchbruch gefastet hatten. Dann sah ich es in unserer Stadt in einer Erweckung, die 1994 ausgegossen wurde – eine Ausgießung des Heiligen Geistes, die drei Jahre lang andauerte. Der Herr zeigte mir: „Ich gebe dir Durchbrüche durch das Fasten in immer größeren Bereichen." Ich ahnte nicht, dass er mich berufen würde, Hunderttausende weltweit zum Fasten aufzurufen. Er schuf in meinem Herzen bei jedem Schritt den Glauben an einen weltweiten Durchbruch.

Kapitel 13

Träume und Offenbarungen

von Lou Engle

Wusstest du, dass du durch Fasten Gott die Möglichkeit gibst, dir Dinge zu offenbaren? Bei fast jedem meiner längeren Fastenzeiten habe ich Träume und prophetische Wirbelstürme erlebt. Diese Träume haben mich ermutigt und oft meine nächsten prophetischen Lebensabschnitte und die göttlichen Aufgaben, zu denen Gott mich berufen hat, offenbart und hervorgebracht.

Wenn wir fasten, erhalten wir Einblicke vom Himmel. In Daniel 10,2-3 heißt es:

> *In jenen Tagen trauerte ich, Daniel, drei volle Wochen. Kostbare Speise aß ich nicht, und weder Fleisch noch Wein kamen in meinen Mund; und ich salbte mich nicht, bis drei volle Wochen um waren.*

Vom ersten Tag an, an dem Daniel Gott um Weisheit bat, kam ein Erzengel in schnellem Flug, um ihm Offenbarung zu bringen. Nach einundzwanzig Tagen sagte der Engel zu Daniel:

> *Fürchte dich nicht, Daniel! Denn vom ersten Tag an, als du dein Herz darauf gerichtet hast, Verständnis zu erlangen und dich vor deinem Gott zu demütigen, sind deine Worte erhört worden. Und um deiner Worte willen bin ich gekommen.*

Aber der Fürst des Königreichs Persien stand mir 21 Tage entgegen. Und siehe, Michael, einer der ersten Fürsten, kam, um mir zu helfen, und ich wurde dort entbehrlich bei den Königen von Persien (Daniel 10,12-13).

Von dem Tag an, an dem Daniel sich aufmachte, den Herrn durch Fasten zu suchen, *brach im Himmel ein Krieg aus.* Als Antwort auf Daniels Haltung, Offenbarung vom Himmel zu erbitten, wurde sofort ein Erzengel ausgesandt, um die Botschaft zu überbringen. Der dämonische Fürst von Persien widerstand ihm einundzwanzig Tage lang, bis Michael, der Engelfürst über Israel, ihm zu Hilfe kam und sie gemeinsam die Oberhand gewannen und auf dem Schlachtfeld über die Könige von Persien siegreich blieben; das ist einfach erstaunlich. Daniel leitete durch Fasten und Gebet einen Regierungswechsel in einem ganzen Reich. „O Daniel, du vielgeliebter Mann."

„Was ist der Mensch? Du hast ihn mit Herrlichkeit und Ehre gekrönt und alles unter seine Füße gelegt" (s. Ps 8).

Wusstest du, dass wir, wenn wir nach Gottes Zeitplan und in tiefer Demut zum Fasten bewegt werden, auch einen Krieg im Himmel auslösen?

Die Leute sagen: „Fasten verändert nicht Gott, sondern dich." In gewisser Weise ist das wahr. Es verändert dich. Es verändert den Weinschlauch deiner Seele. Aber in Daniels Fall brauchte er nicht vorbereitet zu sein. Der Erzengel sagte Daniel, dass er im Himmel „hoch angesehen" sei (s. Dan 10,11). Das ist es, was der Himmel über einen Freund Gottes denkt, der fastet und *seine* Absichten verwirklicht. Das ist die höchste Berufung: prophetische Fürbitte.

Wenn Gott eine Frau oder einen Mann wie Daniel finden könnte, was könnte dann in dieser Welt passieren?

Daniel schrie nach Offenbarung. Wenn du fastest, öffnest du in Wirklichkeit deine Seele, um Offenbarungen zu empfangen. Deshalb kommen die Träume beim Fasten. Jesus sagt: „Bittet, sucht und klopft immer wieder an" (s. Mt 7,7). Bitten ist das normale Gebet. Suchen ist, wenn du wirklich verzweifelt nach

Gott rufst, und Fasten ist wie Anklopfen. Wenn du immer wieder anklopfst, sagst du: „Ich akzeptiere kein ‚Nein' als Antwort." Jesus sagt in Lukas 11,13 (JdM): *„... wie viel mehr wird der Vater aus dem Himmel Heiligen Geist geben denen, die ihn bitten!"*

Bill Johnson sagt: „Es gibt im Himmel eine Art Vorratskammer, die mit Offenbarungen für dein Leben gefüllt ist. Der Geist in uns durchsucht diese Vorratskammer, durchsucht die tiefen Dinge Gottes." Wusstest du, dass du eine eingebaute Suchmaschine in dir hast?

Das Fasten im Heiligen Geist ist diese Suchmaschine. Es ist ein von Gott eingesetztes Mittel, das dir hilft, Gottes Gedanken und Ideen für dein Leben zu entdecken, die in der himmlischen Vorratskammer verborgen sind. Du beginnst, Gott zu suchen, und er beginnt, dir Träume zu geben. Die Träume zeigen dir dann deine Zukunft und den richtigen Weg. Natürlich ist die Heilige Schrift Gottes Grundlage, um prophetische Offenbarungen zu beurteilen, aber Träume sind oft so real und spezifisch, dass sie falsche Gedankensysteme erschüttern und uns in göttliche Abenteuer und Bestimmungen hineinschleudern.

Gott zieht dich

Fasten ist die größte Kraft, um die Geschichte zu verändern.

Es gibt eine neue Generation, die kommen wird, eine neue Generation, die mehr als jede andere Generation fasten und beten wird, um die Regierung zu verändern, die Bildung zu verändern und Erweckung zu bewirken. Fasten ist Gottes Art, diese göttlichen Veränderungen herbeizuführen. Ich glaube, wenn du dies liest, bist auch du ein Teil dieser Bewegung. Vielleicht brennt dein Herz in diesem Moment und du spürst, wie dein Geist dich zu einem solchen Leben hinzieht.

Es ist wichtig zu erkennen, dass es nicht der Teufel ist, der dich in Versuchung führt, wenn Gott ein inneres Verlangen zum Fasten in dein Herz legt. Ich kann nicht einen Tag fasten, wenn ich keine innere Motivation habe. Ich bin der

Schlimmste. Einmal sagte ich zu meiner Frau: „Weißt du, Schatz, ich werde heute fasten." Sie antwortete: „Was willst du zum Frühstück?"

Immer wenn der Herr mich innerlich zum Fasten anspornt, bin ich aufgeregt, weil ich weiß, dass etwas Neues kurz vor dem Ausbruch steht oder ein großer Durchbruch stattfinden wird. Wenn Gott dieses Feuer in dir entfacht, wird das Fasten zu einer Freude und nicht zu einer religiösen Pflicht, die du abhaken musst. Wenn du einen Durchbruch brauchst und nichts anderes funktioniert, ermutige ich dich, in den Fasten-und-Gebet-Modus zu wechseln.

Wenn du dieses Feuer zum Fasten bekommst, schiebe es nicht auf. In Psalm 27,8 drückt David es so aus: *„Mein Herz hält dein Gebot dir vor: ‚Ihr sollt mein Angesicht suchen!' Darum suche ich, o HERR, dein Angesicht"* (MNG). ***Fasten bedeutet, dass du dir angewöhnst, geistlich auf die inneren Impulse Gottes einzugehen.*** Er hat dieses Verlangen in dich hineingelegt. Warte nicht ab und sage: „Das mache ich schon noch." Beginne zu fasten, wenn das Feuer brennt. Wenn er sagt: „Suche mein Angesicht durch Fasten", dann gehe auf ihn ein.

Ein wichtiger Schlüssel in Davids Leben war es, auf Gottes Rufen einzugehen. Manche Menschen brauchen zwanzig Jahre, bis sie Gott gehorchen, aber David *reagierte sofort* auf das innere Rufen des Heiligen Geistes. Ich nenne es mein „Komm, mein Geliebter"-Ziehen. Wenn Gott beginnt, dich zu ziehen, schiebe ihn nicht weg. Bewege dich mit Fasten auf ihn zu und warte auf die Belohnung.

Ich profitiere heute noch von den Fastenzeiten, die ich vor dreißig Jahren gemacht habe. Glaube mir, es wird immer eine Belohnung geben, denn Gott hält seine Zusagen.

Kapitel 14

Der Geist des Brennens

Gottes Diener sind „eine Flamme aus Feuer“. Er will, dass alle Männer und Frauen brennen. Er will, dass wir nicht nur von der Sünde gerettet werden, sondern auch brennen. Der Heilige Geist ist Dynamit und Feuer in deiner Seele.[1]

Azusa Street Mission (Mai 1908)

Wenn wir mit Jesus unterwegs sind, wird unser Herz von seinem Feuer entzündet und bekommen einen brennenden Geist. Wir werden genötigt sein, ihn besser kennenzulernen. Ich möchte dir eine Geschichte erzählen, um das zu verdeutlichen. Am selben Tag, an dem Jesus von den Toten auferstanden ist, erschien er heimlich zwei seiner Anhänger, die über seinen Tod untröstlich waren. Als die beiden Jesusjünger Jerusalem auf dem Weg nach Emmaus verließen, kam Jesus auf sie zu und ging neben ihnen her, aber sie konnten ihn nicht erkennen.

Als Jesus sie fragte, worüber sie sprachen, waren sie schockiert, dass er nicht mitbekommen hatte, dass ihr geliebter Messias gekreuzigt worden war. Darüber hinaus hatten die beiden die Berichte der Frauen am Grab gehört, die Engel gesehen hatten und glaubten, dass Jesus tatsächlich

---

[1] *The Apostolic Faith* 2:13 (Mai 1908), 2. Weiter heißt es: „Er will, dass wir nicht nur den Donner, sondern auch den Blitz haben. Der Heilige Geist ist der Blitz. Er schlägt Menschen mit Überzeugung nieder, tötet und macht lebendig.“

lebte. Einige ihrer Freunde waren sogar dorthin gegangen, um das leere Grab mit eigenen Augen zu sehen. Nachdem er sich das angehört hatte, begann Jesus, ihnen die Schriften zu erläutern, die von Mose bis zu den Propheten über ihn sprachen (s. Lk 24,13-27). Dann geschah Folgendes:

> *Als sie sich dem Dorf näherten, wohin sie gingen, stellte er sich, als wolle er noch weitergehen. Sie aber drängten ihn: „Bleibe bei uns, denn es ist gegen Abend, der Tag hat sich schon geneigt!" Und er ging hinein, um bei ihnen zu bleiben. Und als er sich mit ihnen niedergesetzt hatte, das Brot nahm, Gott pries, es brach und ihnen gab, da wurden ihre Augen geöffnet; sie erkannten ihn klar. Und er wurde unsichtbar für sie. Sie aber sagten zueinander: „Brannte nicht unser Herz in uns, während er unterwegs mit uns sprach, als er uns die Schriften öffnete?"* (Lk 24,28-32 JdM).

Danach kehrten sie sofort nach Jerusalem zurück und fanden die elf Jünger und die anderen bei ihnen versammelt. Sie sagten ihnen, die Gerüchte seien wahr; Jesus sei von den Toten auferweckt worden und sie seien Zeugen dieser Tatsache. Während sie noch redeten, erschien Jesus plötzlich in ihrer Mitte und überraschte sie alle (s. Lk 24,33-36).

Als die beiden Jünger zuvor mit Jesus auf dem Weg nach Emmaus waren, *brannte es* in ihren Herzen. Ähnlich verhält es sich mit dem Fasten, das uns in eine radikale Gemeinschaft mit Jesus bringt. Das Fasten entfacht ein *Feuer in uns*.

Werden wir, wie die Wanderer auf dem Weg nach Emmaus, auf das Brennen in unserem Geist reagieren, wenn wir mit Jesus unterwegs sind? Werden wir ihn drängen, bei uns zu bleiben und nicht an uns vorbeizugehen? Werden wir ihn nötigen, in das Haus unseres Herzens zu kommen, mit uns zu essen und die tiefsten Bereiche unseres Herzens zu erkunden?

Lass mich dir ein kleines Geheimnis verraten. Wenn du für Jesus brennen willst, solltest du dir einen *Lebensstil* des Fastens aneignen. Fasten beschleunigt es, in seine feurige

Gegenwart zu kommen, und wird dir helfen, dich immer auf das Gesicht Jesu zu konzentrieren. Wenn wir in seine Augen blicken, die „wie loderndes Feuer" sind, werden wir zu Brennenden für seine Herrlichkeit (s. Offb 1,14).

Fokus

> *Aber mache Jesus, den Gesalbten, zu deinem Mittelpunkt im Leben und im Dienst* (2 Tim 2,8 TPT).

Fasten hilft uns, unsere Aufmerksamkeit auf Jesus zu richten. Das Wort Fokus kommt von einem lateinischen Wort, das früher zur Beschreibung von Feuer verwendet wurde.[2] Nimmt man eine Lupe, um das Sonnenlicht in einem gebündelten Strahl einzufangen, kann man damit buchstäblich ein Feuer entfachen. Wenn man durch Fokussierung ein Feuer in der Natur entfachen kann, kannst du dir dann vorstellen, welche Art von Erweckungsfeuer entfacht werden kann, wenn wir unsere ganze Aufmerksamkeit auf Jesus richten?

Als sich eine Handvoll brennender Menschen Anfang des letzten Jahrhunderts mit ganzem Herzen auf die eine Sache konzentrierte, wurde eine Erweckung ausgelöst. Eines meiner Lieblingszitate in Bezug auf die Erweckung in der Azusa Street stammt von dem Augenzeugen Frank Bartleman. Er beschrieb einige der frühen Gebetstreffen in Los Angeles, die stattfanden, bevor die Erweckung ins Leben gerufen wurde:

> Es gab kein Schließen um Punkt 9 Uhr, wie es die Prediger heute tun müssen, um die Leute zu halten. In jenen Tagen wollten wir einfach nur Gott. Wir hatten nicht tausend andere Dinge, die wir mehr als ihn wollten.[3]

---

[2] Ein ganzes Kapitel über das Thema Fokus und seine Ursprünge findest du in Kapitel 6 mit dem Titel „Fokus" in Jennifer A. Miskov, *Walking on Water* (Bloomington, MN: Chosen Books, 2017), 72-80.

[3] Frank Bartleman, *How Pentecost Came to Los Angeles: As It Was in the Beginning* 2nd edition (Los Angeles, CA; ursprünglich 1925 veröffentlicht), 102.

Diese Hungrigen hatten nicht „tausend andere Dinge", die sie mehr als Gott haben wollten. Wow! Was für eine unglaubliche Fokussierung auf den Herrn sie in diesen frühen Tagen hatten! Es ist, als hätten sie in ihren Adern gespürt, dass etwas Gewaltiges bevorstand, und sie wussten, dass sie alles, was sie daran hinderte, von sich werfen mussten, damit sie sich voll und ganz darauf konzentrieren konnten.

Als sich dann am 9. April 1906 eine Handvoll Afroamerikaner in einem kleinen Haus in der Bonnie Brae Street versammelte mit dem einzigen Ziel, Gott um die alles durchdringende Taufe des Heiligen Geistes zu bitten, erhörte er ihre Schreie. Viele dieser Pioniere der Pfingstbewegung machten gerade ein zehntägiges Fasten und lasen jeden Tag Apostelgeschichte 2, als der Heilige Geist hereinbrach und eine Flamme entzündete, die bis heute brennt.

Neben einem Rest von brennenden Menschen, die darum rangen, mehr vom Heiligen Geist zu empfangen, erlebte Jennie Evans Moore in dieser Nacht eine radikale Taufe mit dem Heiligen Geist. Sie sagte:

> Jahrelang bevor wir diese wunderbare Erfahrung machten, suchten wir als Familie nach der Fülle Gottes, und er erfüllte uns mit seiner Gegenwart, bis wir die Kraft kaum noch fassen konnten ... Am 9. April 1906 pries ich den Herrn zu Hause aus tiefstem Herzen, und als der Abend kam und wir die Versammlung besuchten, fiel die Kraft Gottes auf mich und ich wurde im Heiligen Geist und im Feuer getauft.[4]

Als diese zielstrebigen Liebenden „tausend andere Dinge" abwarfen, um sich ganz auf Gott konzentrieren zu können, wurde ein Erweckungsfeuer entfacht. Dieses Feuer wurde schnell zu

---

Dieses Buch wird jetzt von Christian Classic Ethereal Library (Grand Rapids, MI) gedruckt und ist unter http://www.ccel.org/ccel/bartleman/los.pdf zugänglich.

[4] Jennie Moore, „Music from Heaven", *The Apostolic Faith* 1:8 (Mai 1907), 3. Die vollständige Fassung ihres Berichts findest du in Jennifer A. Miskov, *Entzünde Azusa*, Grain Press 2016.

groß für ihr Haus und wurde später als Azusa-Street-Erweckung bekannt. Das Azusa-Feuer war der Katalysator für die weltweite Ausbreitung der Pfingstbewegung, die sich auch über ein Jahrhundert später noch auf uns auswirkt.[5]

Wie könnte eine Generation heute aussehen, die „Nein“ zu einer Million Dinge sagt, um „Ja“ zu der einen Sache zu sagen? Wir haben heute viel mehr Ablenkungen, die um unsere Aufmerksamkeit und Zuneigung wetteifern, als diese frühen Pfingstler ein Jahrhundert vor uns. Heute ist der Preis höher. Die Kosten sind höher. Und deshalb glaube ich, dass das Feuer noch heller sein wird.

Kairos

Viele von denen, die sich im Bonnie-Brae-Haus versammelt hatten, fasteten gemeinsam, als die Erweckung entfacht wurde. Fasten hilft uns, uns auf alles einzulassen, was Gott für uns hat, besonders in einzigartigen *Kairos*-Momenten. *Kairos* ist das griechische Wort im Neuen Testament für *Zeit*. Es wird übersetzt mit „der richtige Zeitpunkt“, „eine festgelegte oder richtige Zeit“, „eine Gelegenheit“, „eine angemessene Zeit“, „eine kurze Zeit“ oder „eine festgelegte und bestimmte Zeit“, „die Zeit, in der die Dinge zur Entscheidung gebracht werden“, „die entscheidende Epoche, auf die man wartet“.[6]

Am 16. November 1905, nur wenige Monate bevor die Erweckung in der Azusa Street in einem *Kairos*-Moment auf der Bildfläche erschien, spürte Frank Bartleman eine ähnliche Erregung wie viele von uns heute. Er sagte:

---

[5] Lies dazu Jennifer A. Miskov, *Entzünde Azusa* (Grain Press 2016) sowie Tommy Welchel / Michelle Griffith, *Wahre Geschichten und Wunder der Azusa Street* (GloryWorld-Medien 2017), um mehr über die Erweckung in der Azusa Street zu erfahren.

[6] Strong's Concordance, https://www.blueletterbible.org/lang/lexicon/lexicon.cfm?Strongs=G2540&t=KJV. Siehe Epheser 5,15-16 für ein Beispiel des Wortes *kairos*.

> Der Strom der Erweckung schwappt an unserer Tür vorbei. Werden wir uns in seinen mächtigen Schoß werfen und zum glorreichen Sieg reiten? Ein Jahr in dieser Zeit zu leben, mit ihren wunderbaren Möglichkeiten für Gott, ist hundert Jahre gewöhnliches Leben wert. „Pfingsten" klopft an unsere Türen. Die Erweckung für unser Land ist keine Frage mehr. Langsam, aber sicher steigt die Flut, bis wir in naher Zukunft mit einer Unmenge an Errettungen rechnen, die alles mit sich reißen wird. Wales wird in diesem herrlichen Triumph für unseren Christus nicht lange allein dastehen. Der Geist der Erweckung kommt über uns, angetrieben durch den Atem Gottes, den Heiligen Geist. Die Wolken ziehen schnell heran, groß mit einem mächtigen Regen, aber der Niederschlag hält nur kurz an.
>
> Aus dem Staub obskurer und verachteter Umstände werden sich Helden erheben, deren Namen auf der ewigen Ruhmesseite des Himmels verewigt sein werden. Der Geist brütet wieder über unserem Land wie zu Beginn der Schöpfung, und der Befehl Gottes ergeht: „Es werde Licht." Bruder, Schwester, wenn wir alle an Gott glauben würden, kannst du dir vorstellen, was dann passieren würde? Viele von uns hier leben für nichts anderes. Tag und Nacht steigt eine Menge glaubensvoller Gebete zum Thron auf. Los Angeles, Südkalifornien und der ganze Kontinent werden sich sicherlich bald in einer mächtigen Erweckung durch den Geist und die Kraft Gottes befinden.[7]

Spüren wir heute vielleicht eine ähnliche Erregung? Nehmen auch wir in dieser Stunde einen alles verzehrenden Hunger nach Gott wahr, weil wir spüren, dass etwas am Horizont heraufzieht? Befinden wir uns gerade in einem *Kairos*-Moment? Sind wir als Generation schwanger mit der nächsten Großen Erweckung oder der nächsten Azusa-Street-Erweckung?

Was ist, wenn diese nächste Erweckung größer sein wird als alle anderen zusammen? Was, wenn wir auf der Dynamik aller vorherigen Erweckungen zusammen reiten, auf einer

---

[7] Frank Bartleman, *How Pentecost Came to Los Angeles*, 39.

Tsunami-Welle der Erweckung, die alle Zeitalter umfasst? Werden wir uns auf das einlassen, was Gott ausgießt, oder werden wir es an uns vorbeiziehen lassen, weil es vielleicht anders aussieht und sich anders anfühlt, als wir es erwartet haben? Oder vielleicht, nur vielleicht, hat ja diese gewaltige Tsunami-Welle der Erweckung *bereits* begonnen.

Ich glaube, dass du dieses Buch gerade liest, weil Gott dich zu einer geistlichen Mutter oder einem geistlichen Vater erweckt, um die kommende Milliardenernte einzubringen, die bereits eingeleitet wurde. Du bist hier, weil du auf die Einladung reagiert hast, dich voll und ganz einzubringen.

Lass mich dir jetzt eine harte Wahrheit sagen. Wenn du nicht tief in Jesus verwurzelt bist, wenn sich diese nächste radikale Bewegung Gottes in ihrer ganzen Fülle über dich ergießt, wirst du fortgerissen werden. Jetzt ist es an der Zeit, fester in ihm verwurzelt zu sein und auf der nächsten Welle zu reiten, damit sie dich nicht zerstört. Fasten wird dir helfen, dich in ihm zu verankern.

Ich glaube wirklich, dass wir in einem *Kairos*-Moment der Zeit leben. Helden werden sich aus dem Staub dunkler und verachteter Umstände erheben. Diejenigen, die bisher im Verborgenen gelebt haben, werden bald der Welt offenbart werden. Viele, die dies gerade lesen, gehören dazu, auch du!

Ihr Brennenden, wir haben keine Zeit mehr zu verlieren! Jetzt ist es an der Zeit, den Spielfeldrand zu verlassen und an die Front zu gehen. Du wurdest für eine solche Zeit wie diese geboren. Du bist dazu bestimmt, zu brennen. Jetzt ist es an der Zeit, dich zu erheben, die innere Flamme zu hüten und diese Welt mit dem Feuer Gottes zu entflammen.

Kapitel 15

Halte dein inneres Feuer am Brennen

von Lou Engle

Wenn du ein inneres Brennen hast, gib ihm nach. Johannes der Täufer war ein Brennender, weil er ein fastender Mann war. Er kultivierte dieses innere Feuer mit Fasten; sein Lebensstil war ein Fasten für das Feuer. Jesus schrieb auf die Gedächtnistafel von Johannes' Leben: *„Er war die Lampe, die brannte und leuchtete. Ihr aber wolltet euch eine Zeit lang freuen an seinem Licht“* (Joh 5,35 JdM).

Doch was wir heute haben, sind Pseudo-Propheten, die denken, dass sie in ihre Handys sprechen und Propheten sein können, obwohl sie nie den Preis dafür bezahlt haben, eine Stimme zu bekommen. Was wir hören, ist *Lärm, Lärm, Lärm.* Was wir brauchen, ist *Stimme, Stimme, Stimme.* Johannes sagte: *„Ich bin die ‚Stimme eines Rufenden in der Wüste“* (Joh 1,23).

Warum hältst du nicht für eine Weile den Mund und empfängst ein Wort, das in dir brennt, und versuchst nicht, es zu sagen oder auf YouTube zu stellen. Es geht nicht darum, dass du keine Botschaft auf YouTube haben darfst, aber ist es tatsächlich eine echte Prophetie? Jemand kann ein prophetisches Wort geben, das sich sehr gut anhört, aber unser Herz nicht anrührt. Eine andere Person kann ein Wort geben und es schlecht vortragen, aber wenn es unser Herz erreicht, hat es eine bleibende Kraft. Es wird uns nicht mehr loslassen. Und warum? Weil die Prophetie einer Stimme aus dem Himmel entstammt, nicht einer gute Idee.

Jeremia sagte: „Ich versuchte, das Wort in mir zu verschließen, aber ich wurde müde, es zu verschließen; es wurde wie ein Feuer in mir, wie ein Hammer, der Felsen zerschmettert" (s. Jer 20,9). Heute gibt es zu viele Geräusche in der Welt und nicht genug Stimmen. ***Stimmen werden in den Wüsten des Fastens geschmiedet, nicht durch leckere Desserts.***[1] Vergewissere dich, dass du ein Wort vom Himmel hast, bevor du es in die Welt hinausposaunst.

Ich möchte dich auch dazu auffordern, nicht ungeduldig darauf zu warten, endlich auf einer Bühne zu stehen. Gott wird deine Bühne durch jahrelanges Fasten schmieden. In meinem Leben gab es zwanzig Jahre des Schweigens, in denen mich niemand predigen ließ, weil ich keinen entsprechenden Charakter hatte. Zwanzig Jahre lang war ich still. Alles, was ich tun konnte, war im Gebet zu Gott zu predigen. Deshalb erhob ich einfach meine Stimme und predigte im Gebet zu Gott. Eines Tages kam eine Frau und sagte: „Ich werde dein Gehalt bezahlen, weil du mit Fasten und Gebet etwas in Gang setzen wirst, das das Schicksal der Nation verändern wird." Und am selben sagte Gott zu mir: „Du warst treu in deinem Fasten und mit deinen kleinen Gebetstreffen, darum werde ich den Vorhang zurückziehen und dein Gebetstreffen öffentlich machen."

Als ich im Jahr 2000 für *The Call D.C.* auf die National Mall in Washington D.C. ging, waren um 6.30 Uhr bereits 270.000 Menschen dort, und gegen Mittag waren es 400.000.

Sie kamen zu einer Stimme, nicht zu einem Geräusch.

Ich verstehe nicht, warum ich ausgewählt wurde. Es ist wichtig, die Jahre der Vorbereitung im Stillen nicht zu verachten. Das Fasten bewirkt etwas in dir. Es bricht dich. Es ist hart. Aber es lohnt sich, sich auf den Bräutigam einzulassen.

---

[1] Im Englischen ein Wortspiel mit Wüste („desert") und Dessert.

Der Nasiräer-Ruf

Die Schlagworte, die dazu beitrugen, 400.000 oder mehr zu mobilisieren, lauteten: „Propheten werden in der Wüste des Fastens geschmiedet, nicht durch leckere Desserts. Wir haben unsere Kinder gelehrt, zu schlemmen und zu spielen; die jetzigen Zeiten verlangen aber, dass sie fasten und beten. Dies ist kein Fest, es ist ein Fasten."

Die Botschaft, die wir Jahre vor *The Call D.C.* gepredigt haben, war die Botschaft der Nasiräer, die sich von den legitimen Vergnügungen dieser Welt getrennt haben, um die extremen Freuden, Gott zu kennen, zu genießen. Sie wurden zu gegenkulturellen Revolutionären wie Johannes der Täufer, Samuel oder Simson. Sie wuchsen in den dunkelsten Tagen einer Nation auf, und ihre radikale Hingabe und ihre Liebe zu Gott setzten etwas in Bewegung. Sie sollten eine abgefallene Generation zum Herrn, ihrem Gott, zurückrufen. Und Gott nannte sie die Nasiräer. In Amos sagt er: *„... ich habe von euren Söhnen Propheten erweckt und Nasiräer von euren jungen Männern ... Ihr aber habt den Nasiräern Wein zu trinken gegeben und den Propheten geboten und gesagt: Ihr sollt nicht weissagen!"* (Amos 2,11-12 SLT).

Es wird immer die Versuchung von Eltern, religiösen Menschen und Pfarrern geben, die sagen: „Du bist zu extrem. Für unser Land ist es schon zu spät." Aber der Ruf der Nasiräer ist eine Berufung zum Extremismus – zu extremer Liebe und extremer Hingabe. Gott weist diejenigen zurecht, die dasitzen und versuchen, junge Menschen davon abzuhalten, mit einer extremen Leidenschaft zu brennen. Ja, wir alle brauchen Weisheit und geistliche Väter und Mütter in unserem Leben, aber Gott liebt das Feuer der jungen Menschen und wird es niemals löschen wollen. Denke immer daran, unter der mächtigen Hand Gottes demütig zu bleiben.

Diese Berufung zum Nasiräer war die Botschaft, die wir damals gepredigt haben. Ich weiß noch, dass mein Sohn im Alter von dreizehn Jahren sagte: „Papa, ich möchte vierzigtägig fasten." Er war noch nicht einmal ein Teenager. Er war gerade dreizehn geworden! Ich wusste nicht, was ich ihm sagen sollte. Er sagte: „Ich will meine Haare nicht mehr schneiden lassen. Ich will ein Nasiräer für *The Call* sein." Die Nasiräer durften keinen Wein trinken und keine bestimmten Süßigkeiten wie Weintrauben essen. Es war eine fastende Lebensweise, die Gott hervorbrachte. Die mächtigen Propheten, die etwas in Bewegung setzten, waren die Nasiräer. Er sagte: „Papa, ich will vor *The Call* sieben Monate lang nicht Baseball spielen. Ich will einfach ein Daniel-Fasten machen. Und alles, was ich tun möchte, ist, mit dir für Erweckung zu beten." Ich wusste nicht, was ich ihm sagen sollte.

Um vier Uhr morgens am nächsten Tag hörte ich dreimal die hörbare Stimme Gottes. Er sagte: „Amerika ist offen für Apostel, Propheten und Evangelisten, hat aber seine Nasiräer noch nicht gesehen." Ich wachte auf und wusste, dass der Herr gesagt hatte: „Lass den jungen Mann brennen. Lass ihn sich voll einsetzen." Er machte ein vierzigtägiges Fasten mit Saft und Smoothies. Er spielte kein Baseball. Er fastete wie Daniel, und nach dem Fasten machte er sieben Monate lang weiter.

Als er dann vor 400.000 jungen Menschen betete, sagte er: „Lasst die Langhaarigen hervorkommen. Bringt die Nasiräer hervor!" Ich werde nie vergessen, wie 400.000 Menschen, vor allem Highschool-Schüler, gebrüllt haben. Als das Video seines Gebets auf den Philippinen gezeigt wurde, fiel der Geist auf eine Jugendgruppe, die die Jesus-Revolution auf den Philippinen ins Leben rief. Hundertfünfzigtausend Menschen versammelten sich auf den Philippinen, und dann wurde fünf Jahre lang im ganzen Land gefastet und gebetet. Dann ging es nach Vietnam, wo sie im Untergrund fasteten und beteten. Dann ging es weiter nach Thailand, Südostasien und über den Pazifik in die ganze Welt. Mein Sohn hat mit dieser Art von Hingabe und Fasten in sieben Monaten seines Lebens die Welt verändert.

Ich möchte dich, der du das hier liest, herausfordern: Hab keine Angst, ins Extreme zu gehen. Du wirst dich nicht verletzen. Mach ein dreitägiges Fasten. Mach es mit Wasser. Du wirst dich vielleicht sehr schwach fühlen, Kopfschmerzen und Übelkeit bekommen, aber du entgiftest dich ganz, damit du ein neuer Weinschlauch wirst. Ich möchte dich auch ermutigen, dich nicht zu verurteilen, wenn du mit dem Fasten beginnst und scheiterst. Ich bin schon eine Million Mal gescheitert. Gott freut sich, dass du dich wirklich danach sehnst und es praktizierst. Er wird deine Bemühungen jedes Mal belohnen. Bei ihm kannst du nicht versagen. Er ist stolz auf dich, dass du den Schritt gewagt hast.

Ich weiß noch, wie die jungen Leute zu mir sagten: „Immer, wenn du über die Nasiräer sprichst, spüren wir, dass unser Herz brennt." Vielleicht fühlst du gerade das Gleiche. Vielleicht möchtest du einer dieser brennenden Menschen sein, die ich gerade beschrieben habe. Vielleicht möchtest du ein hingegebener Liebhaber Gottes sein, eine Braut, deren Feuer nicht nur gute Religion oder herkömmliches Christentum ist, sondern das Feuer des Himmels. Das ist das nasiräische Feuer. Wenn du das hast, dann wache mit allem Eifer darüber.

Ich weiß, was es bedeutet, dieses Feuer zu verlieren. Ich muss es dann so schnell wie möglich zurückgewinnen. Du willst das innere Feuer Gottes haben. Dieses innere Feuer zu haben, ist das Erstrebenswerteste, was du je haben kannst.

Eine hohe Berufung erfordert eine starke Absonderung und totale Hingabe. Gott wünscht sich, dass du brennst.

Kapitel 16

Das Feuerfasten

Ich wüsste nicht, was Amerika heute mehr braucht als Männer und Frauen, die mit dem Feuer des Himmels brennen.
Und ich habe noch keinen Mann oder eine Frau gefunden, die vom Geist Gottes entflammt war und versagt hat. Ich glaube, das ist völlig unmöglich. Sie lassen sich nie entmutigen oder einschüchtern.
Sie steigen höher und höher, und es wird immer besser und besser. Meine lieben Freunde, wenn ihr diese Erleuchtung noch nicht habt, nehmt euch vor, sie zu bekommen. Betet: „Oh Gott, erleuchte mich mit deinem Heiligen Geist“[1]

Dwight L. Moody

Hast du bemerkt, dass es einen Unterschied zwischen Christen und Brennenden gibt? Zwischen denen, die sich mit einem One-Way-Ticket in den Himmel begnügen, und denen, die voll dabei sind, die immer hungriger und hingebungsvoller werden und bereit sind, jeden Preis zu zahlen, um Gott mit allem, was sie in sich tragen, zu lieben?

Ich wünsche mir, dass du, wenn du dich mir auf diesem Weg des Fastens anschließt, um Gott besser kennenzulernen,

[1] D. L. Moody, *Short Talks* (Colportage Library) in Richard Ellsworth Day's *Bush Aglow: The Life Story of Dwight Lyman Moody, Commoner of Northfield* (Philadelphia: The Judson Press, 1936), 128.

mit einem so starkes Feuer in dir entfacht wirst, dass du dich nicht mit einem mittelmäßigen Christsein zufrieden gibst. Ich möchte, dass dein Leben so sehr von einem alles verzehrenden Feuer geprägt ist, dass es dich dazu anregt, andere um dich herum dazu zu bringen, Jesus von ganzem Herzen zu lieben. Mein Wunsch ist es, dass auch du zu einem brennenden Feuer wirst, das nie ausbrennt und für alle hell leuchtet.

Das Feuerfasten

Der Busch wurde durch das Feuer schön.[2]

A.W. Tozer

Ich möchte dir jetzt eine besondere Art des Fastens vorstellen, die ich „Feuerfasten" nenne. Beim Feuerfasten nimmst du einfach eines der bereits erwähnten geistlichen Fasten (absolutes, volles, teilweises, regelmäßiges, Daniel-Fasten usw.) und fügst diesem Fasten einen besonderen Schwerpunkt hinzu: die völlige Konzentration auf Jesus. Ich integriere das Feuerfasten in fast alle meine geistlichen Fastenzeiten.

Das Feuerfasten ist eine Einladung, im Feuer zu leben, sodass unsere einzige Aufmerksamkeit Jesus gilt. Beim Feuerfasten heißen wir eine Feuertaufe willkommen, die jeden anderen Konkurrenten vernichtet, der um einen Platz in unserem Herzen wetteifert. Wir geben dem Heiligen Geist die Erlaubnis, alle Ablenkungen zu beseitigen, damit wir Jesus von ganzem Herzen und mit rücksichtsloser Hingabe nachfolgen können. Es ist ein Fasten mit einem bestimmten Ziel: Jesus mit unserem ganzen Herzen, Verstand, Seele und Körper zu lieben. Es ist ein verzweifelter Ruf zum Herrn, uns mit seiner Liebe zu entflammen. Es ist eine unnachgiebige Hingabe an Jesus, die sagt: „Egal, was es kostet, ich folge dir" (s. Hebr 12,1-2).

Wenn wir erst einmal das Feuer in seinen Augen sehen, werden sich all unsere Bemühungen wie das Mindeste anfühlen,

---

[2] A. W. Tozer, *The Fire of God's Presence*, 75.

was wir tun können, um seine Herrlichkeit zu sehen. Wenn wir so sehr in ihn verliebt sind, wird uns das Fasten nicht einmal mehr wie ein Opfer vorkommen (s. Hld 8,7).

Beim Feuerfasten heißen wir das Feuer Gottes willkommen, damit es unsere erste Liebe neu entfacht, uns ganz für ihn absondert und Erweckung in unserem Leben freisetzt. Es gibt zwar viele Varianten des Feuerfastens, aber die drei, die ich hier vorstellen möchte, sind das Feuerfasten für Intimität, das Feuerfasten für Weihe und das Feuerfasten für Erweckung.

Das Feuerfasten für Intimität

Du wirst nicht nachgeben, bis du alles hast
Mein Herz gehört dir
Komm, sei das Feuer in mir
Komm, sei die Flamme in meinem Herzen
Komm, sei das Feuer in mir
Bis du und ich eins sind

Misty Edwards

Das erste und meiner Meinung nach wichtigste aller Feuerfasten ist das Feuerfasten für Intimität bzw. Vertrautheit. Wenn das Feuer der Intimität mit dem Geliebten unserer Seele neu entfacht wird, wird etwas Wunderbares in uns geweckt. Wenn wir unser Herz wieder mit seiner feurigen Gegenwart verbinden, wird das Feuer in uns wieder entfacht.

Alles in unserem Leben fließt aus der lebendigen Liebesbeziehung, die wir mit Jesus haben. Wenn wir fasten und uns darauf konzentrieren, die Flamme unserer ersten Liebe neu zu entfachen, folgen die anderen Auswirkungen – Hingabe und Erweckung – ganz natürlich. Er ist die Quelle aller Fruchtbarkeit, Zeichen, Wunder, Wunderkraft und Erweckung, die in unserem Leben hervorkommen. Wir streben aber nicht nach Intimität mit ihm, um diese Dinge zu bekommen, sondern weil wir einfach mehr von IHM wollen. Diese Früchte sind oft

Nebenprodukte, die auf natürliche Weise aus unserer Verbindung mit Jesus hervorgehen.

Das Feuerfasten für Intimität ist unsere Antwort auf die Einladung, alle Ablenkungen auszuschalten, alle konkurrierenden Liebhaber zum Schweigen zu bringen und unsere Zuneigung und Aufmerksamkeit auf die Liebe zu dem Einen zu richten, der alles für uns gegeben hat. Es ist eine Auszeit, in der wir Jesus mit reinem Herzen *anbeten*. Es ist eine Zeit, in der wir in Zungen singen und beten und ihn mit überfließender Liebe überhäufen. Es ist eine Zeit, in der wir still werden und auf seine Eingebung hören, wie wir uns ihm ganz hingeben können (vgl. Ps 46,10). Es ist eine Zeit, um langsamer zu werden, unsere Rüstung abzulegen, verletzlich zu sein und ihn in jeden Winkel unseres Herzens hineinzulassen. Es ist eine Zeit, in der wir unseren Selbstschutz wegnehmen lassen und uns von ihm mit seiner herrlichen Liebe bedecken lassen. Es ist die reine Gemeinschaft mit dem lebendigen Gott.

Salomo bringt den Kern dieser Einladung Gottes, uns tiefer zu führen, auf den Punkt. Ich möchte dich ermutigen, diesen Text laut zu lesen und ihn in diesem Moment zu deinem Gebet zu machen:

> *Möge dein erwachender Atem über mein Leben wehen,*
> *bis ich ganz dir gehöre.*
> *Hauche mich an mit deinem Geistwind.*
> *Erwecke die süße Würze deines Lebens in mir.*
> *Lass nichts aus,*
> *wenn du mich zu deinem fruchtbaren Garten machst.*
> *Halte nichts zurück, bis ich deinen Duft verströme.*
> *Komm und geh mit mir,*
> *wie du mit Adam in deinem Paradiesgarten gegangen bist.*
> *Komm und koste die Früchte deines Lebens in mir*
> (Hld 4,16 TPT).

Auch David spricht über das Feuer der innigen Liebe, die Gott mit uns haben möchte:

Mein Herz brennt, kocht über vor Leidenschaft.
In mir sprudelt dieses wunderschöne Lied,
das ich dem König singen möchte.
Wie ein Fluss, der über die Ufer tritt,
fließe ich mit Worten über,
aus denen sich diese heilige Geschichte ergibt …
Nun hör zu, Tochter, pass auf
und vergiss deine Vergangenheit.
Lass jede Bindung an das Vertraute hinter dir,
auch an diejenigen, die dir einst nahe standen!
Denn dein königlicher Bräutigam
ist hingerissen von deiner herrlichen Schönheit.
Verneige dich in Ehrfurcht vor ihm, denn er ist dein Herr!
(Ps 45,2.10-11 TPT).

Diese Verse sprechen von Herzen, die vor Leidenschaft für den Herrn brennen.

Beim Feuerfasten für Intimität geht es darum, ganz in das Herz Jesu einzutauchen. Es geht darum, von ihm und nur von ihm eingenommen zu sein. Es geht darum, gemeinsam auf eine Reise in eine tiefere Intimität zu gehen. Bei diesem Fasten geht es nicht um Werke oder Dienst oder gar Erweckung; es geht darum, verliebt zu sein und diese Gefühle zärtlich mit dem Liebhaber unserer Seele auszutauschen. Beim Feuerfasten für Intimität geht es in erster Linie darum, den König der Könige anzubeten. Das einzige Ziel ist, ihn intensiv zu lieben.

Das Feuerfasten der Weihe

Alle Gläubigen sind zu einer hundertprozentigen Weihe aufgerufen. Gott hat keine zwei Standards für die Weihe des Auslandsmissionars und des Christen zu Hause. Das können wir in der Bibel nicht finden. Der eine wie der andere ist dazu berufen, sich als Gottes Verwalter an seinem Platz und in seiner Berufung ganz und gar zu weihen.[3]

Frank Bartleman

[3] Frank Bartleman, *How Pentecost Came to Los Angeles*, 97-98.

Weihe bedeutet, für den Dienst und die Anbetung Gottes abgesondert, geheiligt, vorbereitet, gereinigt, bestimmt und gewidmet zu sein. In Römer 12,1-2 (JdM) sagt Paulus:

> *Ich ermutige euch also, Geschwister, wegen des Erbarmens Gottes, dass ihr eure Leiber zur Verfügung stellt als Opfer, lebendig, heilig und Gott wohlgefällig, als eure Gottesverehrung, die dem Wort entspricht.*
> *Passt euch nicht an die Lebensart dieser Welt an, sondern lasst euch verwandeln durch die Erneuerung eurer Gesinnung, damit ihr prüft, was Gottes Wille ist – das Gute und Wohlgefällige und Erwachsene!*

Ein geweihtes Leben zu führen bedeutet, ein lebendiges Opfer für den Herrn zu werden. Es ist ein Akt der Anbetung. Es ist nicht etwas, das uns passiert, sondern etwas, für das wir uns *täglich* entscheiden, indem wir unser Leben freiwillig und von ganzem Herzen dem Herrn hingeben.

Das Feuerfasten der Weihe ist eine Zeit, in der wir uns bewusst absondern und durch das Feuer Gottes geläutert werden. Es ist eine Einladung an Gott, unsere Herzen zu durchsuchen und alles zu entfernen, was uns daran hindern könnte, mehr von ihm in unserem Leben zu haben. In Matthäus 3,11 (JdM) sagt Johannes der Täufer: *„Ich tauche euch unter in Wasser zu einer Sinnesänderung. Der, der nach mir kommt, ist aber stärker als ich. Für den bin ich nicht genug, seine Sandalen wegzutragen. Er wird euch untertauchen in Heiligem Geist und Feuer.“* In dieser Fastenzeit beten wir ganz bewusst um eine neue Feuertaufe für unser Leben.

Das Fasten selbst kann mit einem läuternden Feuer verglichen werden. Anstatt darauf zu warten, dass die Heiligung durch Prüfungen und Bedrängnisse geschieht, entscheiden wir uns dafür, uns in den Feuerofen der Weihe zu stellen, damit wir geläutert werden können. Alles, was Gottes Wesen zuwiderläuft, wird im Feuer aufgedeckt und verbrannt.

Bevor wir ihn klar sehen und uns mit ganzem Herzen darauf konzentrieren können, ihn im Geist und in der Wahrheit anzubeten, müssen wir oft im Feuer geläutert werden, um alle Ablenkungen zu beseitigen. Das Feuerfasten der Weihe hilft uns, unser Herz zu reinigen, damit wir ihn klarer sehen können. Das ist nichts, was wir aus eigener Kraft schaffen oder anstreben können, aber wir können uns darauf einstellen, dieses läuternde Feuer zur Reinigung unserer Herzen zu empfangen.

Das Feuerfasten der Weihe ist ein Aufruf zur völligen Hingabe und zur absoluten Kapitulation. Während dieser Fastenzeit heißen wir bewusst das Feuer Gottes willkommen, um jeden einzelnen Bereich unseres Lebens zu reinigen und mit ihm in Einklang zu bringen, einschließlich unserer Beziehungen, Träume, Kämpfe und vieles mehr. Wir sagen: „Herr, sende dein Feuer!“ Und wenn er Dinge wegbrennt, sagen wir: „Mehr Feuer!“ Das kann manchmal schmerzhaft sein, denn Gott kann schädliche Beziehungen wegnehmen, die uns zurückhalten, oder er kann Dinge in unserem Leben beseitigen, die uns gefangen halten. Vielleicht bittet er uns sogar, gute Dinge an ihn zurückzugeben, die wir in diese neue Zeit nicht mitnehmen sollen.

Das Feuerfasten der Weihe ist nur für die Mutigen. Um sich auf diese Art von Feuerfasten einzulassen, musst du ein festes Fundament in deiner Vorstellung vom Vater und deiner Beziehung zu ihm haben. Du musst wissen, dass er für dich da ist, und darauf vertrauen, dass er dein Bestes im Sinn hat. Wenn du ihm dein Herz voller Hingabe präsentierst, kann es sein, dass er dir Dinge wegnimmt, an die du dich festgeklammert hast. Oft tut er das, damit er dir im Gegenzug etwas Besseres geben kann, und das ist meistens mehr von ihm. Wenn du weißt und darauf vertraust, dass Gott für dich ist und dich nur beschneidet, um dich fruchtbarer zu machen (s. Joh 15), wirst du dieses läuternde Feuer in deinem Leben willkommen heißen und ihm alles freiwillig überlassen. Wenn du verstehst, dass er nur Dinge aus deinem Leben entfernt, die dir Schmerzen bereiten oder dich von größerer Fruchtbarkeit abhalten, wirst du dieses Feuer begrüßen.

Dieser gesunde Prozess des Loslassens nimmt uns nicht unbedingt den Schmerz, den dieser Verlust mit sich bringen kann. Durch das Feuer zu gehen, kann schmerzhaft sein, aber es ist manchmal notwendig, um das Gold in uns zu läutern und zu reinigen. In der Stille auf den Herrn zu warten, ist ein sicherer Weg, um sein läuterndes Feuer willkommen zu heißen, damit es unsere Herzen erforscht. In der Stille können wir uns nirgendwo verstecken. Wenn ihm dieser Raum gegeben wird, kommt er gerne tief in unser Herz hinein, um es zu operieren.

Ich bete regelmäßig um eine Feuertaufe in meinem Leben. Wenn er anfängt, Dinge wie Stolz, Götzendienst oder Kränkungen in mir zu entlarven, oder wenn Beziehungen in die Brüche gehen, wenn Enttäuschungen auf mich zukommen, wenn Schmerz auftaucht, dann sage ich zum Herrn: „Schicke dein Feuer. Mehr Feuer. Brenne alles weg, was dir nicht gefällt."

Wenn wir lernen, uns bereitwillig in das Feuer zu begeben und darin *zu leben*, wird es uns, wenn es kommt, nicht völlig zerstören, weil wir gelernt haben, geläutert zu leben. Wenn wir jedoch vor dem Feuer der Liebe, der Barmherzigkeit, des Gerichts, der Zurechtweisung und der Heiligkeit Gottes davonlaufen, ist es, wenn das Feuer über uns hereinbricht, weil er uns liebevoll zu sich zurückholt, viel schmerzhafter und kostspieliger. Es ist viel besser, sich einen *Lebensstil* anzueignen, bei dem wir im Feuer leben, als darauf zu warten, dass Gott uns dadurch läutert. Fasten ist eine der Möglichkeiten, im Feuer zu bleiben. Und sei ermutigt:

> *Wenn du durchs Feuer gehst, wirst du nicht versengt werden, und die Flamme wird dich nicht verbrennen* (Jes 43,2b).

Wenn du wie Schadrach, Meschach und Abed-Nego ins Feuer geführt wirst, wird Jesus bei dir sein, und es werden nur die Stricke, die dich binden, zerstört (s. Dan 3). Und wenn du bereit bist, dich auf dieses Feuer der Weihe einzulassen, bist du gerne dazu eingeladen.

Das Feuerfasten für Erweckung

> Eines Abends, am 3. Juli (1905), hatte ich den starken Eindruck, ich sollte in die kleine *Peniel Hall* in Pasadena gehen, um zu beten. Dort fand ich Bruder Böhmer vor. Auch er war von Gott zu diesem Versammlungsraum geführt worden. Wir beteten um einen Geist der Erweckung für Pasadena, bis die Last fast unerträglich wurde. Ich schrie wie eine Frau in den Geburtswehen. Der Geist tat Fürbitte durch uns. Schließlich fiel die Last von uns ab. Nach einer kurzen Zeit des stillen Wartens legte sich eine große Ruhe über uns. Dann offenbarte sich uns plötzlich, ohne Vorwarnung, der Herr Jesus selbst. Er schien direkt zwischen uns zu stehen, so nah, dass wir unsere Hand ausstrecken und ihn berühren konnten ... Ein Himmel göttlicher Liebe erfüllte und erregte meine Seele. Brennendes Feuer ging durch mich hindurch. Mein ganzes Wesen schien vor ihm hinzuschmelzen, wie Wachs vor dem Feuer. Ich verlor jegliches Bewusstsein für Zeit und Raum und war mir nur noch seiner wunderbaren Gegenwart bewusst. Ich betete zu seinen Füßen an.[4]
>
> Frank Bartleman

Das dritte Feuerfasten, das ich hervorheben möchte, ist das Feuerfasten für Erweckung. Es funktioniert am besten im Anschluss an die beiden vorangegangenen Feuerfasten und ist oft eine natürliche Folge dieser Fastenzeiten. Es ist wichtig, dass die Grundlagen der ersten Liebe und des geweihten Lebens vor oder in Verbindung mit dem Streben nach Erweckung gelegt werden, damit wir mit dem Feuer der Erweckung gut umgehen können. Wenn eine Erweckung ausbricht und wir keine Beziehung zu Jesus haben (s. Mt 7,21-23) oder nicht in Heiligkeit und Reinheit leben, könnte die Erweckung uns tatsächlich zerstören. Heiligkeit ist ein wichtiges Gefäß, um mit Erweckung gut umzugehen.

---

[4] Ebd., 19-20.

Das Feuerfasten für Erweckung ist wichtig, um Gottes Herz für die Menschen zu bekommen, die er liebt. Es führt uns über eine nach innen gerichtete geistliche Übung hinaus und zielt darauf ab, das Feuer in uns auf andere um uns herum überspringen zu lassen. Beim Feuerfasten für Erweckung geht es darum, dass wir über uns selbst hinaussehen. Wir bitten Gott nicht nur darum, dass er uns für die Dinge das Herz bricht, die ihm das Herz brechen, sondern wir müssen auch *darauf reagieren*. Wenn wir inmitten all unseres Fastens und Betens nie aktiviert werden, sind wir nicht besser als die religiösen Pharisäer. Wir müssen deswegen auch zum Handeln bewegt werden, um die Hände und Füße Jesu auf dieser Erde zu werden. Das Feuerfasten der Erweckung hilft uns, genau das zu tun, weil wir bereits tief mit der Quelle verbunden sind.

Das Feuerfasten für Erweckung bedeutet, bewusst danach zu trachten, was Gott für diese Welt auf dem Herzen hat, und im Gebet und Fasten mit dem Himmel gemeinsame Sache zu machen, damit diese Dinge Wirklichkeit werden. Es bedeutet, dass wir bereit sind, überallhin zu gehen, wohin der Herr uns führt. Es ist ein Fasten des Hörens und der Reaktion auf das Gehörte. Es bedeutet, Gottes Last zu empfangen, für die Verlorenen zu beten, und ebenso darauf einzugehen, wenn er uns zum Handeln auffordert.

Bei diesem Fasten ist es, wie bei jedem Fasten, wichtig zu erkennen, dass Gott dich durch deine Fürbitte dazu berufen kann, die Antwort auf deine eigenen Gebete zu sein. Rees Howells betete einmal für eine Missionarsfamilie in Afrika, die einen Ersatzmann brauchte. Während des Gebetstreffens offenbarte ihm Gott, dass er die Antwort auf sein eigenes Gebet sein sollte. Sei bereit, sowohl für Gottes Herz zu beten als auch sein Herz in Aktion zu werden!

Beim Feuerfasten für Erweckung geht es darum, Gott zu bitten, seinen Geist in noch nie dagewesenem Ausmaß über unser eigenes Leben und auch über unsere Familien, Freunde, Städte, Regionen, Nationen und die Welt auszugießen. Wir fangen an, dafür zu beten, dass das Reich Gottes kommt. Hier stellen wir uns zur Verfügung für den Fall, dass wir die Antwort sein sollen, die Gott schicken will. Wir positionieren uns so, dass wir antworten können, wie Jesaja es tat, als er die Stimme des Herrn hörte:

> *Und ich hörte die Stimme des Herrn, der sprach: Wen soll ich senden, und wer wird für uns gehen? Da sprach ich: Hier bin ich, sende mich!* (Jes 6,8).

Kapitel 17

Gabenfreisetzung

Wer wird Gott für das Leben mit Flügeln vertrauen?
Du kannst stattdessen kriechen, wenn du willst. Gott wird dich sogar segnen, wenn du kriechst; er wird sein Bestes für dich tun, aber wie viel besser ist es, von unseren wunderbaren Vorrechten in Christus Gebrauch zu machen und „sich mit Flügeln wie Adler zu erheben, zu laufen und nicht zu ermatten, zu gehen und nicht müde zu werden." Geliebte Freunde, es gibt ein Leben auf Flügeln.
Ich spüre, wie die Ströme seines Lebens mich erfüllen und meinen sterblichen Körper vom Kopf bis zu den Füßen durchdringen, bis keine Worte mehr ausreichen, um es zu beschreiben. Ich kann nur ein paar stümperhafte Versuche unternehmen, euch zu erzählen, wie es ist, und den Herrn bitten, euch den Rest zu offenbaren. Möge er dir dein Erbe in Christus Jesus offenbaren, damit du weitermachst und alles bekommst, was er für dich hat.[1]

Carrie Judd Montgomery

[1] Carrie Judd Montgomery, „Life on Wings: The Possibilities of Pentecost", *Triumphs of Faith* 32:8 (August 1912), 171- 174. Der Artikel ist einer Ansprache entnommen, die Carrie 1910 in der *Stone Church* in Chicago gehalten hat. Der Artikel wurde zuerst in *The Latter Rain Evangel* 3:3 (Dezember 1910), 19-24, gedruckt.

Gabenfreisetzung bedeutet, dass jemand, der in einem Bereich einen Durchbruch oder eine Gunst erfahren hat, denselben Segen für einen Durchbruch über dir freisetzt. Das beschleunigt dein Wachstum. Als Mose Josua die Hände auflegte, wurde ihm große Weisheit zuteil (5 Mose 34,9).[2] Wenn eine Person, die in ihrem Leben Gunst für Finanzen, Heilung, Erkenntnis, Glauben oder eine andere Sache hat, für dich betet, damit du denselben Segen erhältst, nennt man das Gabenfreisetzung. Sie gibt umsonst weiter, was sie selbst umsonst empfangen haben (s. Mt 10,8). Obwohl es immer hilfreich ist, wenn dir die Hände aufgelegt werden, kannst du aber auch, ohne dass du körperlich anwesend bist, Heilung und eine Gabenfreisetzung empfangen (Mt 8,5-13; 4 Mose 11,24-26).

Ein Gebet der Gabenfreisetzung zu empfangen ist eine schöne Sache, aber wenn darauf keine Taten folgen, bringt es vielleicht nicht viel. Wenn du zum Beispiel darin wachsen willst, mehr Salbung zu bekommen, um für andere um Heilung zu beten, und ein Heilungsevangelist ein Gebet der Gabenfreisetzung über dir spricht, ist das großartig. Aber wenn du dann nie im Glauben betest, wird die Salbung nicht viel bewirken. Du musst die neue Salbung für die Heilung, die du gerade erhalten hast, aktivieren, indem du in diesem Bereich Risiken eingehst und für die Kranken betest. Gabenfreisetzung und Aktivierung müssen zusammengehen, um dein Wachstum in vollem Umfang zu beschleunigen.

Ich bete dafür, dass du die folgenden Gebete der Gabenfreisetzung für das Fasten auch in die Tat umsetzt. Wenn du das tust, pass auf, denn deine Welt wird zur Ehre Gottes auf den Kopf gestellt werden.

---

[2] Der Geist, der auf uns ist, kann auch auf andere übertragen und freigesetzt werden. Siehe 4. Mose 11,16-17 und 2. Könige 2,9.

Gebete für eine Gabenfreisetzung

Die Gnade, die ich in meinem Leben erfahren habe, um einen Lebensstil des regelmäßigen Fastens zu führen, setze ich nun auch über deinem Leben frei. Ich bete, dass, wenn du dich nun auf diesem Weg tiefer in das Herz Gottes hinein begibst, die Dynamik des Himmels hinter dir hast und die Wolke der Zeugen erkennst, die dich anfeuert (s. Hebr 12,1-2). *Ich bete, dass schon bei deinem ersten Versuch des Feuerfastens dein Herz neu entflammt wird. Ich bete, dass, indem du dich durch das Fasten dem Herrn weihst, der Lohn dafür stets tiefere Begegnungen mit Jesus sind.*

Mögest du seine Liebe in noch größerem Maße erfahren, wenn du dich absonderst, um dich mit ganzem Herzen auf Jesus zu konzentrieren. Mögest du perfekt vorbereitet sein, um beim Fest mit dem Bräutigam dabei zu sein. Ich setze göttliche Offenbarungen, Begegnungen und eine radikale Vereinigung mit Gott frei, wenn du dich nun aufmachst, um dich allein an ihm zu laben. Möge Gott dir die Gabe verleihen, nach ihm zu hungern, sodass es dir leichtfällt, dich allein deshalb abzusondern, um tiefere Gemeinschaft mit ihm zu haben. Mögest du von seiner Liebe so begeistert sein wie nie zuvor und im Gegenzug dazu inspiriert werden, ihn noch hingegebener zu suchen.

Möge das Fasten für mehr Feuer dich in die Lage versetzen, das Gesicht Jesu zu sehen und ihn tiefer kennenzulernen als je zuvor. Mögest du, wenn du dem Einen in die Augen siehst, nach dem sich dein Herz am meisten sehnt, von seiner Herrlichkeit überwältigt sein. Möge die Frucht dieser Vereinigung radikale Liebe sein. Mögest du erleben, wie das Reich Gottes aus deinem Leben hervorbricht und sich auf ganz neue Art und Weise ausbreitet, wenn du dich zurückziehst, um dich an ihm zu laben. Mögest du dir einen Lebensstil des Fastens zu eigen machen, um dich an Gott zu laben. Mögest du in deine Bestimmung freigesetzt werden über das hinaus, was du dir je erträumt hast. Möge das

Feuer seiner Liebe so hell in dir brennen, dass du überall, wo du hingehst, Erweckungsfeuer entfachst. Ich bete und verkünde dies über deinem Leben in Jesu Namen. Amen.

Nimm auch diese Gebete von anderen Müttern und Vätern im Glauben an, während du dich auf deine Fastenreise begibst. Heidi Baker betet dies für dich:

Herr, ich bete dafür, dass du ihnen den Gürtel der Wahrheit anlegst, wenn sie auf Essen verzichten, egal ob es sich um Fleisch und Süßigkeiten handelt oder welche Art von Fasten auch immer. Mögen ihre Gedanken in der Zeit, in der sie sich von den Menschenmassen und von allem anderen fernhalten, in Jesu Namen mit dem mächtigen Helm des Heils geschützt werden, damit sie keine Lügen glauben. Mögen sie „das mächtige, messerscharfe Geistesschwert des gesprochenen Wortes Gottes"[3] ergreifen.
Wenn sie sich in der Zeit, die sie normalerweise mit der Zubereitung und dem Verzehr von Speisen verbringen würden, sich stattdessen an dir laben, stärke sie. Wenn sie auf Essen, Medien und Ablenkung verzichten, um deinem Ruf zu folgen und sich für eine Zeit des Fastens und Betens abzusondern, ziehe sie ganz und gar zu dir. Danke, Gott, dass ihre Herzen geschützt und mit deiner Rüstung bedeckt sind. Danke, dass du ihren Sinn während des Fastens stärkst. Danke, Gott, für jeden, der sich zum Fasten und Beten aufmacht.
Mögest du ihre Füße laufen lassen wie die Füße von Rehen. Ich danke dir, Jesus. Amen.

Lou Engle betet für dich:

Vater, ich bete für die Menschen, die das hier gerade lesen, dass sie die innere Gnade für das Fasten erhalten. Ich bete darum, dass du ihnen dicht auf den Fersen bist. Lass sie nicht allein. Bleibe an ihnen dran, Gott!

---

[3] s. Eph 6,18 TPT.

Wie Jim Elliot, der große Missionar und Märtyrer bei den Auca-Indianern, sagte: „Bin ich entzündbar, Gott? Lass mich nicht zu einem Erdklumpen werden. Mach mich zu deinem Brennstoff, Flamme Gottes. Erlöse mich von dem gefürchteten Asbest der anderen Dinge." Asbest brennt nicht. Gott, befreie uns von den Dingen, die nicht verbrannt werden. Erlöse uns von den Dingen, die nicht brennen und die uns davon abhalten zu brennen. Gott, du hast gesagt: „Du sollst den Herrn, deinen Gott, lieben aus deinem ganzen Herzen und aus deiner ganzen Seele und aus deinem ganzen Verstand und aus deiner ganzen Kraft!" (Mk 12,30). *Herr, bitte lege dieses Feuer in jedes unserer Herzen! Als älterer Mann möchte ich mein Feuer nicht verlieren. Lass mich weiterhin für das Feuer fasten.*

Und gerade jetzt, während du dies liest, möchte ich, dass du deine Hände ausstreckst und laut sagst: „Ich strecke mein Herz aus, um es zu ergreifen. Herr, kennzeichne mich als Nasiräer, von dem du einmal sagen kannst: ‚Er bzw. sie war eine brennende und leuchtende Lampe.'"

Vater, gerade jetzt setze ich diese Gnade des Fastens frei. So wie Johannes der Täufer ein Freund des Bräutigams war, weil er fastete, bete ich, dass du diejenigen, die dies lesen, zu Freunden des Bräutigams machst. Du hast gesagt: „Ich nenne euch nicht mehr Knechte, sondern Freunde, mit denen ich alles teile. Und alles, was der Vater mir sagt, das verkünde ich euch."[4]

Wenn diese Menschen nun in das Fasten für Feuer hineingehen, gib ihnen Aufträge, gib ihnen ihre Stellenbeschreibungen, befreie sie von bestimmten Versuchungen und Süchten. Gott, du hast gesagt: „Solches fährt nicht aus außer durch Gebet und Fasten."[5] *Vater, ich bitte dich, dass du ihnen durch das Fasten eine übernatürliche Begegnung mit dir schenkst. Wenn sie es nicht sofort bekommen, lass sie es*

---

[4] s. Joh 15,15.

[5] S. Mt 17,21.

nicht verachten, sondern daran festhalten, weil sie wissen, dass du sie öffentlich belohnen wirst. Auch mit diesem Buch, „Fasten für mehr Feuer", präge Männer und Frauen für den Rest ihres Lebens. In Jesu Namen, Amen.

Jetzt bist du dran

Jetzt, wo du alles über die Gabe des Fastens erfahren und eine Gabenfreisetzung erhalten hast, ist es an der Zeit, die empfangene Salbung zu aktivieren. Es hätte wirklich keinen Sinn, ein Buch über das Fasten zu schreiben, ohne dich einzuladen, es selbst zu probieren und zu erleben. Egal, wo du gerade stehst, ich möchte dich ermutigen, das Fasten für das Feuer in deinen geistlichen Weg zu integrieren.

Ich lade dich jetzt ein, den ersten Schritt zu tun und mit mir einen Tag in dieser Woche zu fasten. Ich glaube, dass dein einfaches „Ja" zu dieser gemeinsamen Reise, auf der wir uns an Gott laben, ein neues Feuer in dir entfachen wird. Ich glaube, dass schon dein Versuch, einen Tag zu fasten, unabhängig davon, ob du den ganzen Tag durchhältst oder nicht, etwas in deinem Herzen freisetzen wird, das die Dinge für ein radikales Leben voll des Geistes in Bewegung setzen wird. Ich glaube, dass das Fasten dein Leben in mehr als einer Hinsicht mit Gott in Einklang bringen und du schneller in deine Bestimmung kommen wirst.

Ich möchte dich ermutigen, deine Erfahrungen beim Fasten aufzuschreiben, dir gegenüber viel Gnade walten zu lassen und niemals aufzugeben.

Du musst diese Reise nicht allein antreten. Schließe dich uns an und faste montags (oder an einem anderen Tag, der dir passt) bei unseren regelmäßigen und gemeinsamen Fastenzeiten mit. Danach versuche einen Monat lang jede Woche einen Tag zu fasten.

Um dich auf deiner Reise zu unterstützen, habe ich vier Aktivierungen beigefügt, die du einen Tag pro Woche im nächsten Monat oder so, wie du dich geführt fühlst, ausprobieren kannst. Möge das Feuer in deinem Herzen beim Fasten weiter brennen.

Wirst du den ersten Schritt tun und dich verpflichten, diese Woche einen Tag mit mir zu fasten? Er zieht dich tiefer zu sich. Du bist eingeladen!

Wirst du „Ja“ sagen?

Kapitel 18

Aktivierung 1: Das Feuerfasten für Intimität

Ich glaube, dass dein „Ja“ zum Fasten Auswirkungen für die Ewigkeit haben wird. Wenn du es bis hierher in diesem Buch geschafft hast, gratuliere ich dir. Jetzt geht es erst richtig los. Wenn du deine Fastenreise beginnst oder sie im Licht von Gottes Feuer und Liebe neu definierst, möchte ich dich ermutigen, diese Woche den Montag oder einen anderen Tag für das Feuerfasten für Intimität zu reservieren. Nachdem du am Sonntagabend zu Abend gegessen hast, versuche, mit deiner nächsten Mahlzeit bis zum Abendessen am Montagabend zu warten. Wenn du auf Essen verzichtest, indem du kein Frühstück oder Mittagessen zu dir nimmst, konzentriere dich darauf, dich an Gott zu laben und deine Beziehung zu ihm zu vertiefen. Dieses Fasten dreht sich ganz darum, Jesus, den König der Könige anzubeten und zu verehren. Ich ermutige dich, dir dieses Thema die ganze Woche zu eigen zu machen. Lade Freunde ein, dich bei diesem neuen Abenteuer zu begleiten.

Anstatt für andere Fürbitte zu tun oder darum zu bitten, dass Gott dir Dinge gibt, um die du dich bemühst (es sei denn natürlich, der Geist führt dich in diese Richtung), solltest du, wenn du während dieses Fastens Hunger hast, deine Aufmerksamkeit und Zuneigung darauf richten, Jesus anzubeten und zu verehren. Beim Feuerfasten für Intimität geht es nicht darum, etwas zu tun, sich abzumühen oder einen Durchbruch zu erzielen, sondern einfach darum, mit Jesus zusammen *zu sein*, ihn intensiv zu lieben und *seinem* Herzen zu dienen.

Bleibe nahe am Herrn. Sitze mit ihm in der Stille. Höre auf das, was er dir zuflüstern will. Dein einziges Ziel in dieser Fastenzeit ist es, das Antlitz Jesu zu suchen, ihn anzubeten und in ihm zu ruhen. Das ist Gemeinschaft mit Gott. Achte im Laufe des Tages auch auf die kleinsten Details, die dir besonders auffallen, und schreibe sie auf. Wenn Gott dich von diesem Ort der Vertrautheit aus zum Gebet, zur Fürbitte oder in eine andere Richtung führt, dann folge seiner Führung.

Meditation und Auswendiglernen der Schrift

Ich möchte dich ermutigen, die folgenden Bibelstellen während deines Fastentages laut zu lesen und darüber nachzusinnen. Außerdem möchte ich dich ermutigen, diese Woche Psalm 27,4 auswendig zu lernen.

> *Wenn sich ein Heer gegen mich lagert, fürchtet sich mein Herz nicht; wenn sich auch Krieg gegen mich erhebt, trotzdem bin ich vertrauensvoll. Eins habe ich vom HERRN erbeten, danach trachte ich: zu wohnen im Haus des HERRN alle Tage meines Lebens, um anzuschauen die Freundlichkeit des HERRN und nachzudenken in seinem Tempel* (Ps 27,3-4).

> *Befestige mich an deinem Herzen*
> *wie ein Siegel aus Feuer für immer.*
> *Diese lebendige, verzehrende Flamme*
> *wird dich als mein Gefangener der Liebe versiegeln.*
> *Meine Leidenschaft ist stärker*
> *als die Ketten des Todes und des Grabes,*
> *so verzehrend wie die Feuerblitze*
> *aus dem brennenden Herzen Gottes.*
> *Lass dieses heiße, unerbittliche Feuer*
> *dein ganzes Wesen einnehmen.*

Ströme des Schmerzes und der Verfolgung
werden diese Flamme niemals auslöschen.
Endlose Fluten werden das Feuer,
das in dir brennt, nicht auslöschen können.
Alles wird verzehrt werden.
Es wird vor nichts Halt machen,
wenn du alles diesem wütenden Feuer überlässt,
das in dir brennt,
bis es dir gar nicht mehr wie ein Opfer vorkommt
(Hld 8,6-7 TPT).

Zusätzliche Lektüre

Lies Kapitel 10, „Intimität: Der Schlüssel, um die Flamme brennen zu lassen“ in *Entzünde Azusa* von Jennifer A. Miskov.

Fragen zum Nachdenken

Bevor du nach deinem Fastentag schlafen gehst, schreibe die folgenden Fragen in ein Tagebuch und beantworte eine davon, die zu dir spricht, damit du besser verarbeiten kannst, was Gott in deinem Herzen tut.

- Welche Worte oder Sätze in den Bibelstellen zum Meditieren und Auswendiglernen sind dir am meisten aufgefallen und warum?
- Gab es etwas über Gottes Charakter, das dir auf neue Weise offenbart wurde?
- Wie hat es sich angefühlt, heute keine andere Aufgabe zu haben, als Jesus zu lieben und ihm zu dienen?
- Was hat Gott dir heute gezeigt?
- Welche Muster oder Themen waren vorherrschend?
- Ist heute irgendetwas Ungewöhnliches oder Außergewöhnliches passiert? Gab es zufällige Anrufe, E-Mails oder Briefe? Irgendwelche wieder aufgefrischte Kontakte? Irgendwelche neuen Ideen oder Möglichkeiten?
- Gibt es praktische Schritte, die Gott dir als Antwort vorgibt?

- Was war das Schwierigste am Fasten?
- Gab es Bereiche, in denen Frustration hochkam? Was hat Gott über die Ursache dafür gesagt?
- Gibt es noch etwas, das du von deinem Fastentag mitnehmen möchtest?

Denke daran, dass du in diesem Feuerfasten der Intimität nicht fastest, um etwas von Gott zu bekommen oder einen bestimmten Durchbruch zu erzielen; du fastest einfach, um ihm näher zu kommen. Wenn du nichts spürst oder es dir vorkommt, als würde Gott schweigen, lass dich nicht entmutigen. Er ist immer noch bei dir, egal ob du eine entscheidende Begegnung mit ihm hast oder ob dies nur eine Zeit ist, um dein Herz zu beruhigen und dich ihm zu nähern (s. Hebr 13,5).

Je mehr du das Fasten übst, desto leichter wird es. Feiere alle deine Bemühungen und dass du dein Herz in die Lage versetzt hast, nach mehr von Gott zu hungern. Egal, wie weit du in deinem Fasten kommst, er ist sehr stolz auf dich. Beim Fasten geht es nicht darum, ein Ziel zu erreichen, sondern darum, die Beziehung zu vertiefen, und da gibt es sehr viel Gnade.

Kapitel 19

Aktivierung 2: Das Feuerfasten der Weihe

Die erste Woche des Fastens ist geschafft! Für deine zweite Aktivierung nimmst du dir den Montag oder einen anderen Tag in dieser Woche vor, um dich auf das Feuerfasten der Weihe einzulassen. Während du auf Essen verzichtest, konzentriere dich darauf, dich an Gott zu laben und sein läuterndes Feuer willkommen zu heißen, dass es dich reinigt. Bei diesem Fasten geht es vor allem darum, Gott zu erlauben, dein Herz zu reinigen, damit du Jesus klarer sehen kannst (s. Mt 5,8). Dazu gehört, Gott einzuladen, dass er dein Herz erforscht und alles entfernt, was dich von dem abhalten könnte, was er für dich hat. Es geht darum, eine neue Feuertaufe zu empfangen, egal wie schmerzhaft sie sein mag, und darauf zu vertrauen, dass Gott in der Tiefe wirkt, und darum, keine unreinen Motive zuzulassen.

Stille ist ein reinigendes Feuer. Verbringe an diesem Fastentag einige Zeit damit, still vor dem Herrn zu sein. Dann heiße eine neue Feuertaufe in jedem einzelnen Lebensbereich willkommen. Lasse sein Feuer in deine Beziehungen, Pläne, Träume, Kämpfe, Verpflichtungen, Arbeit, Freizeitbeschäftigungen und Finanzen eindringen. Gib dem Heiligen Geist die Erlaubnis, alles wegzubrennen, was dich von allem, was Gott für dich hat, zurückhalten könnte. Erlaube Gott, dass er *jeden* Bereich deines Lebens mit ihm in Einklang bringt. Sei mutig und wirf alles von dir, was dich daran hindert, den Weg zu beschreiten, der vor dir liegt, und deinen Blick auf Jesus zu richten.

Vergiss nicht, dass es bei diesem Fasten nicht darum geht, nach Fehlern zu suchen oder zu versuchen, dich *aus eigener Kraft* für Gott abzusondern. Es geht darum, dich von seiner feurigen Gegenwart verzehren zu lassen und dann auf alles zu einzugehen, was er an die Oberfläche bringt. Lass dich von ihm korrigieren, tue Buße (kehre um), wenn nötig, und empfange dann seine Liebe und Vergebung.

König David formuliert ein Weihegebet, das wir uns zu eigen machen können.

Gott, ich lade deinen prüfenden Blick in mein Herz ein.
Prüfe mich durch und durch;
finde alles heraus, was in mir verborgen sein mag.
Prüfe mich und alle meine Gedanken.
Finde heraus, ob es einen Weg der Mühsal gibt,
auf dem ich gehe,
und führe mich zurück zu deinem herrlichen, ewigen Weg –
der Weg, der mich zu dir zurückführt
(Ps 139,23-24 TPT).

Ich möchte dich auch ermutigen, folgendes Gebet heute laut über deinem Leben zu beten:

Herr, sende heute dein Feuer über mein Leben. Ich vertraue dir. Entferne alles, was Schmerz verursacht und mich von dem abhält, was du für mich hast. Herr, sende dein Feuer über jeden einzelnen Bereich meines Lebens, über jede Beziehung, über alle meine Pläne, Träume und Hoffnungen. Herr, sende dein Feuer über alle Herausforderungen, denen ich gegenüberstehe, über alle meine Ängste, Unsicherheiten und Misserfolge. Herr, sende dein Feuer über alle meine Beziehungen und Verpflichtungen, meine Arbeit, meine Familie, meine Bestimmung und über alle meine Gedanken. Herr, komm und verzehre jeden Bereich. Lass nichts von deinem Feuer unberührt. Wenn es irgendetwas gibt, das dir nicht gefällt, gebe ich dir die Erlaubnis, es wegzubrennen. Lass nur das Gold übrig. Heiliger Geist, komm heute mit einer frischen Feuertaufe über mein Leben. In Jesu Namen, Amen. So soll es sein.

Meditation und Auswendiglernen der Schrift

Ich möchte dich ermutigen, die folgenden Bibelstellen während deines Fastentages laut zu lesen und darüber nachzusinnen. Außerdem möchte ich dich ermutigen, diese Woche Hebräer 12,1-2 auswendig zu lernen.

> *Deshalb, weil wir eine solche Wolke von Zeugen haben, die uns umgibt, wollen wir nun jegliche Last ablegen, gerade auch die festsitzende Sünde, und mit Ausdauer laufen im vor uns liegenden Kampf und hinblicken auf Jesus, den Urheber und Vollender des Glaubens: Für die vor ihm liegende Freude hielt er durch, verachtete die Schande des Kreuzestodes und setzte sich an die rechte Seite des Thrones Gottes* (Hebr 12,1-2 JdM).

Aber jetzt sagt der Herr Folgendes ...

> *Fürchte dich nicht, denn ich habe dich erlöst! Ich habe dich bei deinem Namen gerufen, du bist mein. Wenn du durchs Wasser gehst, ich bin bei dir, und durch Ströme, sie werden dich nicht überfluten. Wenn du durchs Feuer gehst, wirst du nicht versengt werden, und die Flamme wird dich nicht verbrennen* (Jes 43,1b-2).

> *[Johannes der Täufer sagte:] „Der, der nach mir kommt, ist aber stärker als ich. Für den bin ich nicht genug, seine Sandalen wegzutragen. Er wird euch untertauchen in Heiligem Geist und Feuer. Seine Getreideschaufel ist in seiner Hand; er wird seinen Dreschplatz durchreinigen. Seinen Weizen wird er im Kornspeicher einlagern, die Spreu aber verbrennen mit einem Feuer, das nicht gelöscht werden kann“* (Mt 3,11b-12 JdM).

Ich ermutige euch also, Geschwister, wegen des Erbarmens Gottes, dass ihr eure Leiber zur Verfügung stellt als Opfer, lebendig, heilig und Gott wohlgefällig, als eure Gottesverehrung, die dem Wort entspricht.
Passt euch nicht an die Lebensart dieser Welt an, sondern lasst euch verwandeln durch die Erneuerung eurer Gesinnung, damit ihr prüft, was Gottes Wille ist – das Gute und Wohlgefällige und Erwachsene (Römer 12,1-2 JdM).

Zusätzliche Lektüre

Lies Kapitel 6, „Intensives Feuer“, in *Entzünde Azusa* von Jennifer A. Miskov.

Fragen zum Nachdenken

- Welches Thema oder welche Themen hat der Herr in dieser Fastenzeit besonders hervorgehoben?
- Gab es etwas, von dem Gott dir gesagt hat, dass du es loswerden, loslassen oder ihm übergeben sollst?
- Wenn ja, welche Schritte wirst du diese Woche unternehmen, um schnell gehorsam zu sein?
- Welche tieferen Erkenntnisse hast du beim Nachsinnen über bzw. beim Auswendiglernen der Heiligen Schrift gehabt?
- Was hast du beim zweiten Mal Fasten gelernt, was du beim ersten nicht gelernt hast? Gab es etwas, das beim Fasten diesmal anders war als beim letzten Mal?
- Wie war deine Woche nach dem Fasten? Hast du irgendwelche Veränderungen bemerkt? Ist irgendetwas Ungewöhnliches passiert, das nur von Gott kommen kann?

Erinnere dich daran, dass Gott nur deshalb etwas aus deinem Leben entfernt, weil er etwas Besseres hat, und diese Sache oder Person ihn daran hindert, dir seinen vollen Segen zu schenken. Bleibe nahe am Feuer und vertraue darauf, dass der Vater gute Absichten hat und dass alles, was er dir wegnimmt, zu deinem Besten ist. Er hat wunderbare Dinge für dich, und er braucht deine leeren Hände, damit er sie füllen kann.

Kapitel 20

Aktivierung 3: Das Feuerfasten für Erweckung

Du machst das super! Ich hoffe, dass du jetzt, nach deinem zweiten Fasten, schon einige der Freuden des Fastens erlebt hast. Für deine dritte Aktivierung nimm dir den Montag oder einen anderen Tag in dieser Woche vor, um dich auf das Feuerfasten für Erweckung einzulassen. Während du auf Essen verzichtest, konzentriere dich darauf, dich an Gott zu laben und dafür zu beten, dass das Feuer der Erweckung in dir entfacht wird. Heiße den Heiligen Geist willkommen, damit er alle Bereiche deines Herzens, die tot sind, auferweckt. Bitte ihn darum, dein Herz für die Verlorenen zu erwecken und anzurühren. Bitte Gott, dass er dein Herz für die Dinge bricht, die sein Herz brechen. Frage ihn, wie du den Menschen um dich herum seine Liebe zeigen kannst. Bitte ihn, das Öl seines Geistes über dich auszugießen und dich in Brand zu setzen, damit du ein brennender Mensch bist, der die Gute Nachricht mit großer Kühnheit, Salbung und Kraft zu den Menschen um dich herum bringt.

Bitte Gott, dir zu zeigen, wie du heute jemandem in deiner Umgebung seine Liebe zukommen lassen kannst, und dann geh mutig hinaus und folge der Führung des Heiligen Geistes. Egal, was das Ergebnis sein wird, unsere Verantwortung ist Gehorsam. Ich glaube, dass schon *ein* Akt des Glaubens, die

Person praktisch zu lieben, die Gott dir zeigt, etwas in dir freisetzen und Dinge in Bewegung bringen wird, damit eine Bewegung Gottes in und durch dein Leben weitergeht.

Meditation und Auswendiglernen der Schrift

Ich möchte dich ermutigen, die folgenden Bibelstellen während deines Fastentages laut zu lesen und darüber nachzusinnen. Außerdem möchte ich dich ermutigen, diese Woche Lukas 10,2-3 auswendig zu lernen.

> *Er sagte zu ihnen: „Die Ernte ist groß, die Arbeiter sind wenige. Bittet also den Herrn der Ernte, dass er Arbeiter in seine Ernte hinausschickt! Geht! Ich sende euch jetzt wie Schafe mitten unter Wölfe*“ (Lk 10,2-3 JdM).

> *Ist nicht (vielmehr) das ein Fasten, an dem ich Gefallen habe: Ungerechte Fesseln zu lösen, die Knoten des Joches zu öffnen, gewalttätig Behandelte als Freie zu entlassen und dass ihr jedes Joch zerbrecht?*
> *(Besteht es) nicht (darin), dein Brot dem Hungrigen zu brechen und dass du heimatlose Elende ins Haus führst? Wenn du einen Nackten siehst, dass du ihn bedeckst und dass du dich deinem Nächsten nicht entziehst?*
> *Dann wird dein Licht hervorbrechen wie die Morgenröte, und deine Heilung wird schnell sprossen. Deine Gerechtigkeit wird vor dir herziehen, die Herrlichkeit des HERRN wird deine Nachhut sein.*
> *Dann wirst du rufen, und der HERR wird antworten. Du wirst um Hilfe schreien, und er wird sagen: Hier bin ich! Wenn du aus deiner Mitte fortschaffst das Joch, das Fingerausstrecken und böses Reden* (Jes 58,6-9).

Zusätzliche Lektüre

Lies Kapitel 3, „Die Geschichte der Azusa Street“, in *Entzünde Azusa* von Jennifer A. Miskov.

Fragen zum Nachdenken

- Was ist dir beim Fasten heute besonders aufgefallen und warum?
- Hat Gott dir heute eine bestimmte Person auf eine neue Art und Weise ans Herz gelegt und wenn ja, hat er dir offenbart, warum er dich gerade an diese Person erinnert hat?
- Hat er dir Ideen gegeben, wie du seine Liebe einer anderen Person erweisen kannst?
- Wie hast du auf das reagiert bzw. wirst du auf das reagieren, was er dir heute offenbart hat?
- Wie fühlst du dich, wenn du dich im Glauben aufmachst und auf seine Führung eingehst?

Weiter so! Gott erweicht dein Herz und zieht dich mit jedem Schritt näher zu ihm. Ich werde dich weiter anfeuern.

Kapitel 21

Bonusaktivierung 4: Das Feuerfasten für deine Bestimmung

Auch wenn es unsere wahre Bestimmung ist, in Jesus verliebt zu sein, so gibt es doch auch bestimmte Aufgaben, die wir in unserem Leben erfüllen sollen und die Gott im Voraus für uns vorbereitet hat, damit wir sie erfüllen können. Diese zusätzliche Aktivierung besteht darin, ein Feuerfasten für deine Bestimmung durchzuführen. Nimm dir den Montag oder einen anderen Tag in dieser Woche zum Fasten vor. Während du auf Essen verzichtest, konzentriere dich darauf, dich an Gott zu laben und ihn um eine tiefere Offenbarung der besonderen Aufgaben zu bitten, zu deren Erfüllung Gott dich in dieser Zeit berufen hat. Bitte Gott, dass er Träume, Verheißungen und Samen, die er gesät hat und die in dir erstorben oder eingeschlafen sind, wieder aufleben lässt. Bitte ihn, dich für deine wahre Bestimmung zu erwecken.

Gott hat bereits bestimmte Träume und Wünsche in dich hineingelegt, die nur du ausleben kannst. Du versuchst nicht, etwas zu erreichen, indem du dich anstrengst, sondern du bleibst nahe an Gottes Herz, damit er dir offenbaren kann, was bereits in dich hineingelegt worden ist. Du lernst, wie du mit dem Himmel zusammenarbeiten kannst, um die dir von Gott gegebene Berufung und die dir zugedachten Aufgaben zu erfüllen.

Wir werden durch die Vertrautheit mit Jesus und die Verbindung mit der Familie Gottes auf natürliche Weise in unsere Bestimmung eingeführt. Indem du durch das Fasten tiefer in deine Beziehung mit Jesus eintauchst und dich mehr mit den anderen Brennenden verbindest, mit denen er dich in dieser Zeit zusammengeführt hat, wirst du in größerem Maße in deine Bestimmung hineinwachsen.

Meditation und Auswendiglernen der Schrift

Ich möchte dich ermutigen, die folgenden Bibelstellen während deines Fastentages laut zu lesen und darüber nachzusinnen. Außerdem möchte ich dich ermutigen, eine der Versionen von Epheser 2,10 auswendig zu lernen, die dich in dieser Woche am meisten anspricht.

> *In Christus Jesus sind wir Gottes Meisterstück. Er hat uns geschaffen, dass wir tun, was wirklich gut ist, gute Werke, die er für uns vorbereitet hat, dass wir damit unser Leben gestalten* (Eph 2,10 NeÜ).

> *Wir sind seine Dichtung geworden, ein neu geschaffenes Volk, das die Bestimmung erfüllen wird, die er jedem von uns gegeben hat, denn wir sind mit Jesus, dem Gesalbten, verbunden. Schon bevor wir geboren wurden, hat Gott unser Schicksal und die guten Werke, die wir tun werden, um es zu erfüllen, im Voraus geplant!* (Eph 2,10 TPT)

> *Wir sind ja sein Werk, geschaffen im Messias Jesus, auf gute Werke hin, die Gott vorbereitet hat, damit wir in ihnen leben sollen* (Eph 2,10 JdM).

> *Dem, der alles im Überfluss tun kann, über alles hinaus, was wir bitten oder verstehen, entsprechend der Kraft, die sich in uns auswirkt, dem gehört die Ehre in der Gemeinde und im Messias Jesus für alle Generationen von Ewigkeit zu Ewigkeit! Amen* (Eph 3,20-21 JdM).

Deshalb, meine geliebten Geschwister, werdet fest, unverrückbar, jederzeit überfließend im Werk des Herrn, und wisst, dass eure Mühe nicht vergeblich ist im Herrn! (1 Kor 15,58 JdM).

Zusätzliche Lektüre

Lies Kapitel 12, „Die Chance unseres Lebens wartet vor der Tür", in *Entzünde Azusa* von Jennifer A. Miskov.

Fragen zum Nachdenken

- Was hat dich bei der Bibelmeditation besonders angesprochen und warum?
- Welche Träume oder Samen in Bezug auf deine Bestimmung hat Gott in dieser Fastenzeit in deinem Leben wiederbelebt?
- Was hat Gott dir über deine spezifische Berufung und deine Aufgaben offenbart?
- Welche praktischen Schritte wirst du diese Woche unternehmen, um in die Träume und Aufgaben zu investieren, die Gott in dich hineingelegt hat?
- Gibt es etwas, das du mit dir herumschleppst, das nicht mit deiner gottgegebenen Bestimmung und deinen von ihm gegebenen Aufgaben übereinstimmt? Wenn ja, was wirst du diese Woche tun, damit du in der Lage bist, in all das einzutreten, wozu Gott dich in dieser Zeit berufen hat?

Bonus-Reflexionsfragen nachdem du einen Monat lang einmal pro Woche gefastet hast

- Wie hat sich dein Leben durch das Fasten als Lebensstil in diesem Monat verändert?
- Wie oft wirst du in Zukunft das Fasten in deinen geistlichen Lebenswandel integrieren?
- Wie sieht das praktisch für dich aus?

- Was war das Wichtigste, das du aus diesem Fastenmonat mitgenommen hast?

Herzlichen Glückwunsch, dass du so weit gegangen bist! Ich glaube, dass der ganze Himmel deine Bereitschaft, für Jesus zu brennen, ehrt. Ich bin sehr dankbar, dass du dich entschlossen hast, mich auf dieser Reise zu begleiten; es war mir eine große Ehre, mit dir unterwegs zu sein. Ich hoffe, dass du die Vorteile des Fastens nicht nur entdeckt, sondern auch erlebt hast.

Nun habe ich noch eine gute Nachricht für dich. Diese Reise muss hier nicht enden. Überlege dir, ob du dir nicht auch einen *Lebensstil* des Feuerfastens aneignen willst, und lade deine Freunde ein, sich dir anzuschließen. Und lasst uns weiter brennen!

Kapitel 22

Bonus-Tipps

von Lou Engle[1]

Effektives Fasten und Beten[2]

Vielleicht hast du noch nie gefastet oder du hast nur hier und da eine Mahlzeit gefastet. Lass mich einige Gedanken aus meinen Erfahrungen und denen anderer mit dir teilen, damit du eine Hilfe hast und ermutigt wirst und das Beste aus deinem wunderbaren Gehorsam herausholen kannst.

1. Faste und bete, um dich zu demütigen, damit du mit reinem Herzen anbeten kannst.

Denke daran, dass der Zweck des Fastens darin besteht, dein Herz mit Gottes Herz in Einklang zu bringen. Wir versuchen nicht, etwas von Gott zu bekommen, sondern wollen die Zuneigung unseres Herzens mit seiner Zuneigung zu uns in Einklang bringen. Dazu müssen wir den „Begierden, die gegen die Seele Krieg führen", „heilige Gewalt" antun (s. Mt 11,12 und Jak 4,1).

---

[1] Aus dem Buch *Digging the Wells of Revival* von Lou Engle; etwas angepasst.

[2] Angepasst an Kapitel 11 ("Atomic Power Through Prayer and Fasting") in dem Buch von Lou Engle *Digging the Wells of Revival: Reclaiming Your Historic Inheritance Through Prophetic Intercession* (Shippensburg, PA: Destiny Image Publishers, 1998). Verwendung mit Genehmigung des Verlags. Siehe auch https://thejesusfast.global/resources

Wir müssen einen Weg frei machen, damit die Leidenschaft des Heiligen Geistes uns bestimmen kann. Wenn wir fasten, können wir leichter sagen: „Herr, wir lieben dich mehr als alles andere auf der Welt." Jede Art von Begierde verkehrt die Anbetung, aber das Fasten ermöglicht es uns, das Heiligtum unseres Herzens von allen anderen Konkurrenten zu säubern. Wie bei Daniels Fasten muss der Schwerpunkt auf Demut und Bekennen liegen, nicht auf dem Anliegen, das wir haben.

2. Nimm dir Zeit zum Beten und um das Wort Gottes zu lesen.

Das mag offensichtlich erscheinen, aber Hektik und Ablenkungen gibt es zuhauf. Was nützt es dir, dich mehr für Gott, seine Offenbarung und die Erkenntnisse seines Wortes zu öffnen, wenn du keinen Gebrauch davon machst? Denke daran, dass dies eine Zeit ist, in der du deutlicher – und oft auch stärker – hören und darauf reagieren kannst und die Gegenwart und Herrlichkeit Gottes auf besondere Weise genießen kannst. Lass dir das nicht entgehen!

3. Habe ein klares Ziel für den Gebetsfokus.

Ohne eine Vision (ein klares, prophetisches Gebetsziel) gehen die Menschen zugrunde (s. Spr 29,18). Während des Fastens bete ich oft für vier oder fünf Gebetsanliegen, aber ich muss darauf achten, dass sie klar formuliert sind. Wenn ich nicht durch ein klares Ziel tief motiviert bin, faste ich normalerweise nur bis zum Frühstück! Schreibe die Vision auf, damit du mit ihr arbeiten kannst (s. Hab 2,2).

4. Führe das Fasten zusammen mit jemand anderem durch.

Zwei sind besser als einer. Wenn einer fällt, hebt ihn der andere auf (s. Pred 4,9-10). Vielleicht hast du einen Gebetspartner. Vor vielen Jahren habe ich mit einem Gebetspartner eine vierzigtägige Gebets- und Fastenzeit absolviert, um die Brunnen der Erweckung in Los Angeles auszuheben. Während unserer gemeinsamen Zeit lasen wir den Bericht von Frank Bartleman, der mit William Boehmer betete. Wenn du mit einem Partner betest und fastest, bist du vielleicht noch motivierter, für dein Ziel zu beten und zu fasten.

5. Gib dich nicht der Verdammnis hin, wenn du versagst.

Der Zwiespalt, ob du fasten sollst oder nicht, kann ein wichtiges Werkzeug des Feindes sein. Auch wenn du mehrmals versagst, schenkt Gott dir immer Gnade. Drücke „reset" und mach genau da weiter, wo du aufgehört hast. Der Herr wird dir neue Motivation geben. Ich erinnere mich an ein Fasten, bei dem ich aufgegeben und heimlich Joghurt und Chips gegessen habe. Am nächsten Tag kam ein Fürbitter zu mir und sagte: „Ich habe dich im Traum gesehen. Du solltest eigentlich fasten, aber du hast Joghurt und Chips gegessen." Das war eine gute Motivation, wieder anzufangen – und zu erkennen, dass das, was ich tat, von Bedeutung sein musste!

6. Verpflichte dich und lege die Länge deines Fastens fest.

Viele berichten, dass das Fasten leichter wird, je länger man fastet. Historisch gesehen haben längere Fastenzeiten auf Weisung des Herrn die besten Ergebnisse gebracht.

- Ein totales Fasten ist ohne Wasser. Es sollte nicht länger als drei Tage dauern.
- Ein reines Wasserfasten ist sehr schwierig, aber sehr effektiv. Je nach deinem Gewicht und Stoffwechsel kannst du bis zu vierzig Tage nur mit Wasser auskommen.
- Ein Obst- und Gemüsesaftfasten ermöglicht es dir, dich auf den Geist des Fastens einzulassen und gibt trotzdem Energie. Die meisten Menschen können ein vierzigtägiges Saftfasten durchführen. Bei diesem Fasten trinkst du kleine Mengen säurearmer oder säurefreier Säfte. So erhältst du den gewünschten Effekt des Fastens, gibst deinem Körper aber auch Kraft und benötigte Mineralien. Apfel-, Preiselbeer- und Wassermelonensäfte eignen sich hervorragend, ebenso

wie Gemüsebrühe. Am besten ist es, wenn du den Saftkonsum planst. Wenn du ständig Saft trinkst, kann das den Geist des Fastens und die Selbstbeherrschung beeinträchtigen. Ein unverdünntes Saftfasten ist viel einfacher und trotzdem sehr nützlich. Für viele Menschen kann es hilfreich sein, Eiweißgetränke zu trinken. Das ist besonders ratsam, wenn du gesundheitliche und/oder gewichtsspezifische Bedenken hast. Aus Rücksicht auf ihre Gesundheit und ihren Stoffwechsel empfehle ich Jugendlichen, Saft und Eiweißgetränke zu trinken, damit sie durchhalten können.

- Ein Daniel-Fasten mit Gemüse und Wasser ist gut für alle, die körperlich arbeiten oder ein hohes Arbeitspensum haben (wie z. B. Mütter).
- Ein Milchshake-Fasten ist kein richtiges Fasten!

7. Bereite dich körperlich vor.

Beschränke deine Nahrungsaufnahme vor einem längeren Fasten zwei Tage lang auf Obst und Gemüse. Obst ist ein natürliches Reinigungsmittel und leicht zu verdauen. Wenn du kannst, solltest du einige Tage vor dem Fasten keinen Kaffee mehr trinken. Bereite dich auf psychische Beschwerden wie Ungeduld, Launenhaftigkeit und Angstzustände vor. Rechne mit körperlichem Unbehagen. Du kannst Schwindel, Kopfschmerzen und andere Schmerzen bekommen. Die Kopfschmerzen sind kein Zeichen dafür, dass du mit dem Fasten aufhören solltest. Dein Körper arbeitet daran, sich von Unreinheiten zu befreien.

8. Bereite dich auf Widerstand vor.

Satan hat Jesus während seines Fastens in Versuchung geführt und wir müssen dasselbe erwarten. Du kannst darauf wetten, dass jemand am Tag deines Fastens etwas Leckeres ins Büro bringen wird. Es ist erstaunlich, wie das funktioniert! Oder dein Ehepartner könnte plötzlich inspiriert sein, deine Lieblingsgerichte für den Rest der Familie zu kochen. *Zieh es durch.* Vielleicht spürst du auch, wie sich Spannungen in eurem

Haus aufbauen. Besprich das mit deinem Ehepartner. Meine Fastenzeit ist für meine Frau genauso schwierig wie für mich. Auch sie muss gut vorbereitet sein, bevor ich anfange zu fasten. Auch Entmutigung kann dich wie eine Flut überrollen. Erkenne die Quelle der Entmutigung und stelle dich auf den Sieg Christi.

9. Faste heimlich.

Prahle nicht mit deinem Fasten, aber scheue dich nicht, den Leuten zu sagen, dass du nichts essen wirst, bevor du zu ihnen nach Hause gehst.

10. Brich das Fasten schrittweise.

Bei einem längeren Fasten mit leichtem Saft oder Wasser schaltet dein Verdauungssystem komplett ab. Das kann eine große Gefahr darstellen, wenn du nicht vorsichtig bist. Um deinem Körper nicht zu schaden, musst du dich beim Fastenbrechen stark beherrschen. Beginne mit mehreren Tagen verdünntem, säurefreiem Saft. Dann nimmst du mehrere Tage lang normal starken Saft und Gemüsebrühe zu dir. Nach einer Woche kannst du anfangen, leichte milchfreie Suppen und dickere Säfte wie Karottensaft und grüne Gemüsesäfte zu trinken. Obst und Gemüse können folgen. Bei einem meiner ersten Fastenzeiten brach ich es zu schnell und musste fast ins Krankenhaus eingeliefert werden. Sei vorsichtig!

11. Nimm dir die Freiheit, viel auszuruhen und dich etwas zu bewegen.

12. Lass dich vor und während des Fastens von deinem Arzt beraten und beaufsichtigen, wenn du medizinische Probleme hast oder älter bist. Wenn du schwanger bist oder stillst, darfst du nicht fasten. Ziehe stattdessen ein Fasten der sozialen Medien oder des Fernsehens in Betracht.

13. Erwarte, dass du Gottes Stimme durch Träume, Visionen, Offenbarungen und das Wort hörst.

Daniel bereitete sich durch Fasten darauf vor, eine Offenbarung zu erhalten (vgl. Dan 10,1-2). Bereite dich in ähnlicher Weise vor, indem du dich auf dein Ziel konzentrierst und sicherstellst, dass du verstehst, was Gott tun will. Dann faste erwartungsvoll. Gott hat versprochen, dass er dich belohnen wird (s. Mt 6,18). Ich habe eine Geschichte gehört, dass ein Bruder während seines Dienstes in Malaysia während eines vierzigtägigen Fastens „in den Himmel entrückt" wurde. Nach dem Fasten fuhr er mit einem Team ins Landesinnere von Borneo, wo er erlebte, dass eine tote Frau auferweckt wurde und in einem Dorf Erweckung ausbrach!

14. Lass dich nicht entmutigen, wenn du nicht sofort Ergebnisse siehst. Oft kommt der Durchbruch erst nach einer Weile, manchmal aber auch erst lange danach.

Hör nicht auf die Lügen, es würde nichts passieren. Es ist meine Überzeugung, dass Gott jeden Menschen belohnt, der im Glauben fastet. Als Jesus von Johannes getauft wurde, öffnete sich der Himmel und eine Taube kam auf ihn herab. Unmittelbar danach trieb ihn dieselbe Taube in die Wüste, damit er dort vierzig Tage lang fastete und mit Satan selbst, dem Herrscher über die Erde, kämpfte. Vierzig Tage lang führte Jesus durch Gebet und Fasten Krieg, um den Fluch von Adam und Eva rückgängig zu machen, den Teufel zu überwinden und „Atomkraft" auf der Erde freizusetzen. Die bei Lukas aufgezeichneten Ergebnisse zeigen, dass sich die Geschichte durch die Stärke und den Sieg, den der Herr durch seinen Gehorsam erlangte, für immer veränderte. Die göttliche Macht gehörte nun ihm! *„Jesus ging in der Kraft des Geistes nach Galiläa zurück, und die Nachricht über ihn ging hinaus durchs ganze Umland"* (Lk 4,14 JdM).

Andererseits verbrachten die Israeliten *vierzig Jahre* in der Wüste, beschwerten sich über das Essen und sehnten sich danach, zu dem Lauch und Knoblauch Ägyptens zurückzukehren. Sie zogen die Gefangenschaft der Disziplin in der Wüste vor. Amerika befindet sich gerade in der Wüste. Wir haben die Wahl: Ziehen wir die Gefangenschaft unter den territorialen geistlichen Mächten vor, die über unsere Städte, unsere Wohnviertel und unsere Lieben herrschen? Oder werden wir beten und fasten, bis der Fluch des Bösen von unserem Land genommen ist und die Brunnen der Erweckung wieder ausgehoben sind? Wenn wir *apostolische Ergebnisse* wie die Macht, die Jesus ausübte, wollen, müssen wir zu *apostolischen Methoden* zurückkehren. Wir haben die Wahl – vierzig Jahre oder vierzig Tage!

Weitere Ressourcen

- Baker, Rolland und Heidi. *Es gibt immer genug,* Asaph 2003). Heidi erzählt von der Begegnung, die sie während einer Fastenzeit hatte und die ihre Berufung definiert hat.
- Richard Foster, *Nachfolge feiern,* Oncken Verlag, Wuppertal und Kassel, 1986. Dies ist ein großartiges Grundlagenbuch, das die geistlichen Disziplinen behandelt.
- Johnson, Bill mit Jennifer A. Miskov. *Entscheidende Momente,* Grain Press 2016). Dieses Buch ist voll von Begegnungen und Erweckungsbewegungen, die entstanden sind, als Menschen fasteten.
- Miskov, Jennifer A. mit Heidi Baker, Lou Engle, und Bill Johnson. *Entzünde Azusa* (Grain Press 2016). Hier dreht sich alles um die Erweckung in der Azusa Street sowie um die Weihe und ein Gebet für eine neue Feuertaufe.
- Prince, Derek. *Die Waffe des Betens und Fastens,* IBL 2001. Dies ist das Buch, auf das sich Lou Engle bezog und das seine Fastenreise geprägt hat.

Haftungsausschluss

Lass dich bitte vom Geist leiten und nimm, wenn nötig, auch Ärzte und medizinische Experten in Anspruch, damit sie dich auf deinem Weg des Fastens begleiten und du dir nicht unnötig schadest. Du hast dich aus freien Stücken für das Fasten entschieden. Ich möchte dich auch davor warnen, dass einige der Nebenwirkungen des Fastens sein könnten, dass deine Welt auf den Kopf gestellt wird. Vielleicht bekommst du dadurch eine engere Beziehung zu Gott, erfährst eine stärkere Ausrichtung auf deine Bestimmung und bewegst dich in einer größeren Salbung. Du bist für dein Tun im Zusammenhang mit dem Fasten selbst verantwortlich, also sei bitte weise und hole dir bei Bedarf Hilfe.

Danksagungen

Ich bin sehr dankbar für alle, die mich ermutigt haben, dieses Buch zu schreiben. Ich hatte schon einige Schritte unternommen, um das Buch alleine zu veröffentlichen, aber ich brauchte am Ende wirklich Hilfe, um es herauszubringen. Danke an Steve Lawson, der mich daran erinnert hat, dass mein Leben von Erweckung geprägt ist und dass ich dieses Thema in das Buch integrieren sollte, um ihm eine einzigartige Note zu geben. Ich bin Larry Sparks und der Familie von *Destiny Image* sehr dankbar, dass sie sofort begeistert und bereit waren, mein Manuskript zu veröffentlichen. Es war Larry, der die brillante Idee hatte, Lou Engles Stimme in das Buch mit aufzunehmen. Ich bin auch dankbar für Lou Engles „Ja" zur Zusammenarbeit mit mir in diesem Buch. Es war unsere gemeinsame Leidenschaft, die Brunnen der Erweckung wieder auszuheben, die uns vor Jahren in Carrie Judd Montgomerys *Home of Peace* in Oakland zusammenbrachte, als Lou ein vierzigtägiges Fasten machte. Ich bin voller Demut, weil er sein Leben dafür hingegeben hat, zu fasten und zu beten, dass eine Generation mit dem Feuer Gottes brennt.

Heidi Baker möchte ich nicht nur für ihre Beiträge zu diesem Buch danken, sondern auch dafür, dass sie an mich geglaubt und sich seit über zwei Jahrzehnten konsequent für den Ruf Gottes auf meinem Leben eingesetzt hat. Ohne ihr Beispiel, eine glühende Liebhaberin Jesu zu sein, und ohne ihren Glauben an mich wäre ich definitiv nicht da, wo ich heute bin. Sie ist eine der stabilsten und entschlossensten Menschen, die ich kenne, und sie hat eine große Rolle bei so vielen meiner persönlichen Durchbrüche gespielt. Ich bin auch Randy Clark dankbar dafür, dass er seine Sichtweise und seine Erfahrungen mit dem Fasten in dieses Buch eingebracht hat. Was Gott aufgrund des Fastens durch sein Leben freigesetzt hat, ist mächtig. Er ist sehr demütig und ein großes Geschenk für den Leib Christi.

Ich bin Jessica Lewis sehr dankbar dafür, dass sie das Manuskript mehrmals durchgelesen und mir ein sehr aufschlussreiches und rechtzeitiges Feedback gegeben hat, das dieses Buch mitgeprägt hat. Sie war eine wahre Lebensretterin in diesem Prozess! Danke auch an Sharon Tuemmler, die mich mit einem zusätzlichen Lektorat unterstützt hat, und an Lauren Stinton, die gegen Ende des Lektorats mit an Bord war. Ich bin dem gesamten Team von *Destiny Image* dankbar, dass sie in dieses Projekt investiert haben. Mein besonderer Dank gilt Eileen Rockwell für ihr großartiges Coverdesign, John Martin für seine Hilfe bei der Umsetzung dieses Projekts, Tammy für ihr Lektorat und all den anderen im Team, die ihre Gaben und Talente in dieses Werk eingebracht haben.

Ich bin auch der gesamten *School-of-Revival*-Familie dankbar, die sich für mich eingesetzt, an mich geglaubt, mich ermutigt und mich im Gebet für diese Geburt begleitet hat. Ich möchte Tremonisha Putros, Gabby Heusser und der *Writing-in-the-Glory*-Familie für ihre treuen Gebete danken und dafür, dass sie mich motiviert haben, dieses Projekt zu vollenden! Ein besonderer Dank geht an Jessi Green, meine wunderbare Freundin und Mitstreiterin beim Fasten und beim Thema Erweckung, die mich beim Schreiben immer wieder ermutigt hat und ein Leben aus Feuer führt. Die Früchte, die das Fasten in ihrem Leben hervorgebracht hat, sind inspirierend und haben mich und unsere Region zutiefst beeinflusst.

Ich möchte meiner Mutter und meinem Vater für all ihre Ermutigung, ihre Gebete und ihre Unterstützung während dieses Prozesses danken. Welch eine Freude war es, dass meine Mutter mich montags beim Fasten begleitet hat!

Allen, die während dieses Prozesses für mich gebetet, mich ermutigt und an mich geglaubt haben, bin ich sehr dankbar. Und vor allem möchte ich dem Heiligen Geist dafür danken, dass er mich gesalbt hat, dieses Werk zu schreiben.

Über die Autorin

Jennifer A. Miskov, Ph.D., ist eine Erweckungshistorikerin, Schreibcoach und reisende Predigerin. Sie liebt es, Menschen in einen Lebensstil der Intimität mit Jesus zu führen und sie einzuladen, die Fülle des Heiligen Geistes zu erfahren. Mit ihren Writing-in-the-Glory-Workshops und ihrem Coaching hilft sie gerne Autoren, die Erweckungspioniere sind, bei der Geburt ihrer ersten Bücher. Während der Pandemie 2020 hat sie online eine *School of Revival* ins Leben gerufen, um Erweckungspioniere auf der ganzen Welt auszurüsten. Sie stammt aus Anaheim, Kalifornien, und wurde von Heidi Baker bei *Iris Global* ordiniert. Sie promovierte an der *University of Birmingham*, Großbritannien, in *Global Pentecostal and Charismatic Studies*. Weitere Informationen findest du unter JenMiskov.com.

Weitere Produkte von GloryWorld-Medien

„Himmlische Bücher für die Erde"

Arthus Wallis

Biblisch fasten

Ein verkannter Weg zu mehr Vollmacht, 152 Seiten, Pb.

Ein Fasten, das mit reinem Herzen und aufrichtigen Motiven praktiziert wird, kann zu einem Schlüssel werden, der Türen öffnet, wo andere Schlüssel versagt haben; ein Fenster, welches in der unsichtbaren Welt neue Horizonte eröffnet; eine geistliche Waffe, die uns Gott zur Verfügung stellt und „die mächtig ist, Festungen zu zerstören" (2 Kor 10,4).

Das ist die Erfahrung von Arthur Wallis, die er mit diesem Handbuch zum Thema Fasten weitergibt. Er führt nicht nur die wichtigsten biblischen Beispiele und Aussagen an, sondern geht auch umfassend auf die damit verbundenen praktischen Fragen ein, insbesondere auf die körperliche Seite bei längeren Fastenzeiten.

Tommy Welchel und Michelle P. Griffith

Wahre Geschichten und Wunder der Azusa Street

Eine der größten Erweckungen der Geschichte, die heute wieder aktuell ist; 200 S., Pb.

Tommy Welchel besuchte in den 1960er-Jahren die Leute, die als Jugendliche wesentlich an einer der größten geistlichen Erweckungen beteiligt waren – der Azusa-Street-Erweckung. Sie erzählten ihm aus erster Hand, welche außergewöhnlichen Wunder und Heilungen sie damals erlebten, wenn sie für Menschen beteten.

Erst vor Kurzem gab Gott dem Autor die Erlaubnis, diese Geschichten in Buchform zu veröffentlichen. Inzwischen werden sie auf der ganzen Welt erzählt und die Folgen sind immer noch erstaunlich: Wunderbare Heilungen, übernatürliche Phänomene und Lösungen für das Unmögliche.

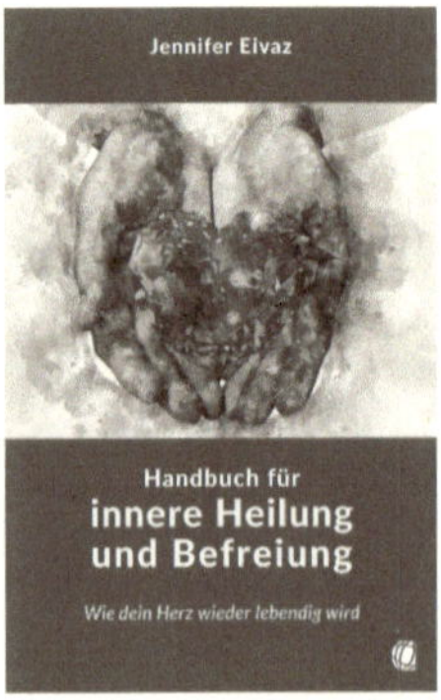

Jennifer Eivaz

Handbuch für innere Heilung und Befreiung

Wie dein Herz wieder lebendig wird; 200 S., Paperback

Lass den Heiligen Geist dein Herz wieder zum Leben erwecken!

Dieses Buch zeigt auf, wie man von inneren Verletzungen, Traumen und dämonischen Belastungen frei werden kann. Und es rüstet uns zu, anderen in diesen Bereichen zu dienen.

Jennifer Eivaz erzählt von ihrem eigenen herausfordernden Weg aus extremem Missbrauch zu Heilung und Befreiung. Die von ihr erkannten und erprobten Wahrheiten haben weltweit schon vielen anderen Menschen geholfen haben, heil und frei zu werden.

Dr. Henry Wright

Die geistlichen Ursachen von Krankheiten

Klare Antworten auf Ihre Fragen zu Krankheitsprävention und Heilung, 208 Seiten, Pb.

Gemäß den langjährigen Erfahrungen des Autors haben etwa 80 Prozent aller Krankheiten eine geistliche Ursache und sind die direkte Folge einer gestörten Beziehung zu Gott, zu uns selbst oder zu anderen. Gott offenbarte ihm aus seinem Wort, was die geistlichen Ursachen von Krankheiten und den Blockaden zur Heilung sind.

Er geht insbesondere auf folgende Krankheitsarten ein: Allergien, Autoimmunerkrankungen, psychische Störungen, Herz-Kreislauf-Erkrankungen und Belastungsstörungen (z. B. Stresskrankheiten).

Cinzia Ceddia

Die Macht der Liebe

Wie Gottes Liebe uns heilt und freisetzt, um uns selbst und andere zu lieben; 220 S., Pb.

Liebe ist das Schönste und Wichtigste, was es überhaupt gibt. In diesem Buch erfährst du, wie die Macht von Gottes Liebe dich freisetzen kann. Seine Liebe überwindet alles!

Vielleicht war der Start in dein Leben nicht so gut. Vielleicht quälen dich Enttäuschungen, Verletzungen oder Traumen. Du darfst sie von Gott heilen lassen, damit deine Vergangenheit nicht mehr deine Gegenwart bestimmt. Dann kannst du dein Leben genießen und andere dabei unterstützen, sich selbst und andere zu lieben!

Cornelia Weinmann, Jesus ruft seine Braut

Gottes Herzschlag für Deutschland entdecken

344 S., Paperback.

Wofür schlägt Gottes Herz, was ist die Berufung der Braut Christi in Deutschland und was könnte uns hindern, diese Berufung anzunehmen?

Dieses Buch entfaltet die atemberaubende Liebesgeschichte zwischen Gott und uns Menschen, wie sie im Hohelied angedeutet wird. Wir sind eingeladen, Jesu Braut zu sein! Insbesondere werden wir dabei auch den Herzschlag Gottes für Deutschland entdecken.

Sind wir von den Traumata der Vergangenheit befreit, können wir im Takt seiner Liebe in neugewonnener Leichtigkeit in eine neue Zukunft gehen. Der Ruf geht nämlich schon durch die Welt: „Seht, der Bräutigam kommt! Geht hinaus, ihm entgegen!“ (Mt. 25,6).

Blake K. Healy, Durch den Schleier sehen

Eine Einladung in die unsichtbare Welt; 176 S. Pb.

Blake K. Healy sieht Engel und Dämonen seit seiner Kindheit – und zwar so klar wie natürlich sichtbare Dinge. Er sieht zum Beispiel Engel in Anbetungsgottesdiensten tanzen und Ermutigungsworte in die Ohren von Menschen flüstern, doch genauso sieht er auch Dämonen, die sich an Leute heften und so Abhängigkeiten, Lügen und Bitterkeit in deren Herzen und Gedanken aufrechterhalten.

In diesem Buch erzählt er einige dieser Begegnungen und wie er in dieser Gabe reifte und dabei die Angst und Verwirrung über die Dinge, welche er sah, überwand. Und ebenso, und wie er lernte, die Gabe des Sehens zu Gottes Verherrlichung zu nutzen und andere darin zu lehren.

„Ich wollte nicht, dass dieses Buch jemals endet!" (Bill Johnson)

Blake K. Healy, Unzerstörbar

Führe deine geistlichen Kämpfe aus der Perspektive des Himmels; 192 S., Pb.

Welche Fallen und Taktiken wenden Dämonen an, und wie können wir diese meiden? Dieses Buch fasst zusammen, was Blake K. Healy in über dreißig Jahren über die Pläne des Feindes und ebenso die des Himmels gelernt hat.

Wir lernen, wie wir die Komplotte, Pläne und Lügen des Feindes aufdecken und abwehren können und gleichzeitig die Pläne des Himmel vorantreiben können. Sein Hauptanliegen ist dabei, dass wir den geistlichen Kampf nicht aus eigener Kraft, sondern aus der Perspektive des Himmels führen, und ein Leben aufbauen, das unzerstörbar ist.

Frank Krause, Die neun Schleusen des Herzens

160 S., Paperback

Wie geschieht es, dass die Verheißung Jesu, dass aus unserem Innern Ströme von lebendigem Wasser fließen werde, wenn wir an ihn glauben, zu unserem normalen Erleben wird? Dass andere uns als Quelle und nicht als Zisterne, als Oase und nicht als Wüste wahrnehmen?

Als Frank Krause diese Frage vor Gott bewegte, ließ dieser ihn im Geist sein eigenes Herz sehen und durchwandern. Er zeigte ihm, dass unser Herz neun „Schleusen" hat, entsprechend den neun Aspekten der Frucht des Geistes.

Diese Schleusen wollen in uns geöffnet und freigesetzt werden, damit der Geist mit ganzer Kraft durch uns strömen kann und wir mit seiner Frucht überfließen. Nun können wir auch anderen helfen, diese Fülle zu erleben, sodass in der Folge echte Gemeinschaften der Heiligen entstehen.

Phil Mason, Quanten-Herrlichkeit

Die Wissenschaft von der Inbesitznahme der Erde durch den Himmel; 520 Seiten, Paperback

Quanten-Herrlichkeit erläutert auf eine äußerst spannende Weise die Zusammenhänge zwischen den faszinierenden Erkenntnissen der Quantenmechanik und der Herrlichkeit Gottes, die sich u. a. in Heilungswundern äußert.

Der erste Teil untersucht die subatomare Welt und enthüllt ihren außergewöhnlich komplexen göttlichen Plan, der die Genialität unseres Schöpfers offenbart.

Im zweiten Teil erklärt der Autor ausführlich, wie die Herrlichkeit Gottes in unser physisches Universum eindringt, um Wunder göttlicher Heilung zu bewirken.

Das Buch ist vollgepackt mit verblüffenden Erkenntnissen, aber mehr als das, ist es dazu bestimmt, uns für den übernatürlichen Dienst auszurüsten, damit wir die Herrlichkeit Gottes auf der Erde freisetzen, wie sie im Himmel ist!

Phil Mason, Die Ergründung des Herzens

Eine Einführung in die Herzensrevolution; 240 S., Pb.

Band 1 der Reihe „Übernatürliche Transformation"

Willkommen zur Herzensrevolution! Phil Mason bringt uns mit diesem Buch wieder mit dem Herzen Gottes – und somit auch unserem eigenen Herzen – in Verbindung. Begegnen wir der verschwenderischen Liebe des Vaters, erweckt sie in unserem Herzen eine neue Begeisterung und Leidenschaft.

Jesu Modell der Herzensverwandlung stützt sich nicht auf irdische Weisheit und Methoden. Er möchte, dass wir durch eine Begegnung mit der Herrlichkeit und Macht Gottes verwandelt werden.

Phil Mason, Das Wunder der Neuen Schöpfung

Die Grundlage der Herzensrevolution; 264 S., Pb.

Band 2 der Reihe „Übernatürliche Transformation"

Was genau passiert bei der Wiedergeburt eines Christen? Welche Segnungen gehen damit einher? Wie kommen wir dahin, vom Geist bestimmt zu werden? Und wie geschieht es, dass wir ganz heil werden und immer mehr Christus widerspiegeln?

Phil Mason legt die umfassende Grundlage dafür, dass jeder Christ die Tatsachen und Prozesse versteht, die uns zu siegreichen Christus-Nachfolgern machen. Das ist Voraussetzung für die Revolution, die Gott in seiner Gemeinde gerade in Gang bringt.

Jonathan Welton, Die Schule der Seher

Eine praktische Anleitung, wie man ins Unsichtbare hineinsehen kann; 224 S.; Pb.; Vorwort von Randy Clark

Viele Christen haben angefangen, übernatürliche Phänomene zu erleben: Träume, (offene) Visionen, Engel oder Dämonen. Aber es mangelt ihnen an solider biblischer Lehre und sie sind zu dem geworden, was man als *Seherwaisen* bezeichnet: Sie suchen verzweifelt nach jemandem, der sie trainiert, ermutigt und freisetzt.

Das Ziel von Jonathan Welton war deshalb, ein praktisches Handbuch herauszubringen, das den Leib Christi mit den Informationen ausrüstet, die notwendig sind, um in der Dimension des Prophetischen bzw. des Sehers zu wachsen und im Leben im Übernatürlichen Reife zu erlangen.

Dr. Charity Virkler-Kayembe / Dr. Mark Virkler

Höre Gott durch deine Träume

Gottes Reden in der Nacht verstehen; 288 S., Pb.

In der Bibel finden wir sehr viele Beispiele für Gottes Reden durch Träume. Auch heute möchte er uns durch Träume wichtige Botschaften zukommen lassen. Doch beachten wir sie oft wenig oder wissen nicht, wie sie zu deuten sind.

Diesem Missstand möchte dieses Buches abhelfen. Die Autoren haben sehr viele Erfahrungen im Umgang mit Gottes Reden gesammelt. Das Buch ist ein praktischer, leicht verständlicher und biblischer Leitfaden, um die Sprache zu verstehen, die Gott in unseren Träumen benutzt.

Luc Niebergall, Eine zeitlose Reise

Wie ich den Himmel erkunden und meine Identität empfangen durfte; 144 S., Paperback

Ab dem Alter von 16 Jahren wurde Luc Niebergall eine unglaubliche „Reise" in die Herrlichkeit der Person Jesu zuteil. Nach acht Jahren Visionen, Träumen und himmlischen Begegnungen schrieb er einiges davon auf.

Dieses Buch ist ein Aufruf an die Söhne und Töchter Gottes, ihr volles Erbe zu empfangen, das darin besteht, in einer ewigen, intimen Beziehung zu Gott selbst zu leben. Begegnen wir der intimen Liebe Gottes, des Vaters, fällt die falsche Identität der Waisenschaft von uns ab. Wir werden zu siegreichen Söhnen und Töchtern, welche den Nationen Heilung und Wiederherstellung bringen.

Kevin Basconi, Mit den Engeln tanzen, Band 1

Die Grundlagen: Gottes Engel erkennen, einladen und beauftragen; 240 S.; Paperback

Mit diesem Buch stellt uns Kevin Basconi eine inspirierende, glaubensstärkende und praktische Anleitung zur Verfügung, wie ganz normale Gläubige mit Engeln zusammenarbeiten und sie sogar beauftragen können, um den Willen Gottes auszuführen.

Sein Buch ist voller spannender persönlicher Berichte, in denen er uns an seinem wachsenden Verständnis über das Wirken der Engel teilhaben lässt. Er erläutert, wie unsere Fähigkeit, Gottes Willen zu tun, dramatisch zunimmt, sobald wir mit Engeln zusammenwirken.

James Goll

Geistlich wahrnehmen und unterscheiden

Wie wir Offenbarungen empfangen, prüfen und anwenden können; 216 S.

James Goll erklärt, dass jeder Nachfolger Jesu geistliche Offenbarungen empfangen und prüfen kann, auch wenn einige als Propheten besonders begabt sind. Er legt präzise dar, wie wir unsere Sinne dem Heiligen Geist hingeben können, damit wir geistlich wahrnehmen können.

Und er erläutert, wie wir Offenbarungen prüfen, anwenden und letztlich verinnerlichen können, damit die Menschen sie nicht nur hören, sondern in uns sehen.

Für das vertiefte Studium ist ein Arbeitsbuch erhältlich.

James Goll, Die Gaben des Heiligen Geistes freisetzen; 216 S., Paperback

Der Heilige Geist demonstriert Gottes übernatürliche Kraft durch seine Gemeinde heute, indem seine Herrlichkeit auf globaler Ebene freigesetzt wird. Alle Gaben Gottes sind immer noch voll funktionsfähig, und jeder einzelne Gläubige ist dazu bestimmt, im Fluss Gottes zu leben und seine Bestimmung zu erfüllen.

James Goll zeigt auf, wie der Heilige Geist durch die neun bekanntesten Geistesgaben wirkt und wie wir sie unter Gottes Leitung für die Erfüllung des Missionsbefehls einsetzen können.

Anhand vieler anschaulicher Beispiele aus der Bibel und aus der Gegenwart lernen wir, wie geistliche Gaben in der Praxis funktionieren. Aber es geht in diesem Buch nicht nur darum, wie man seine geistlichen Gaben entdeckt oder empfängt, sondern wie man sie freisetzt und weitergibt!

Barry & Lori Byrne, Liebe in der Ehe

Eine tiefere geistliche, emotionale und körperliche Einheit erleben; Vorwort von Bill Johnson; 334 S., Klappenbroschur

Gott möchte, dass die Ehe ein Ort echter Liebe und Vertrautheit ist. Dafür brauchen wir die Hilfe des Heiligen Geistes. Mit ihm können wir die Ursachen unserer Konflikte erkennen und überwinden. Unsere Ehe kann Heilung und Wiederherstellung erfahren, egal, wie der momentane Zustand ist.

Mit klarer biblischer Lehre und vielen praktischen Hilfen packen die Autoren die wichtigsten heißen Eisen an. Viele ermutigende Erfahrungsberichte verdeutlichen die dramatische Heilung und Intimität, die mit Gottes Hilfe möglich ist.

Dr. Larry Richards

Die volle Waffenrüstung Gottes

Gut geschützt gegen die Angriffe des Bösen; 208 Seiten, Pb.

Die Bibel macht deutlich, dass ein Großteil unserer Unsicherheiten, Ängste und Zweifel auf den Machenschaften böser Mächte beruhen. Deshalb ist es so entscheidend, dass wir sowohl die Strategien kennen, die Satan benutzt, um uns anzugreifen, als auch die Rüstung, die Gott uns zur Verfügung stellt, um uns dagegen zu schützen.

Eine biblische Dämonologie, Hilfen zum Umgang mit dem Bösen in der Seelsorge sowie Lektionen für „Lebe-frei-Selbsthilfegruppen" runden das Buch ab.

Chris und Liz Gore, Überfließen

Jeden Tag die Fülle des Himmels erleben; 176 S., Pb.

Chris uns Liz Gore möchten allen Gläubigen ganz praktisch dazu verhelfen, das überfließende Leben zu erfahren, von dem Jesus gesprochen hat. Unser Leben soll nicht auf Lügen aufgebaut sein und unsere Vorstellung vom Herzen des Vaters soll auf der Wahrheit beruhen.

Als Bonusmaterial sind einige Lektionen von Insassen eines Hochsicherheitsgefängnisses in den USA enthalten. Als Chris dort diente, begegnete er der Liebe und dem erlösenden Herzen des Vaters auf eine ganz neue Art und Weise.

Bestellen Sie im Buchhandel oder (versandkostenfrei in D) direkt beim Verlag:

GloryWorld-Medien | Beit-Sahour-Str. 4 | D-46509 Xanten
Fon: 02801-9854003 | Fax: 02801-9854004 | info@gloryworld.de

Aktuelles, Leseproben, Downloads & Shop: **www.gloryworld.de**